無聲笑匠 查理·卓別林

黑白底片中的彩色人生，
摩登時代的大藝術家

盧芷庭 著

人生如戲，散場後永遠是有限溫存、無限辛酸

卓別林，英國電影演員、導演、製片人、喜劇大師、
不列顛帝國勳章佩戴者

- 麥卡錫主義受害者，被迫離開美國
- 奧斯卡終身成就獎得獎者
- 勇於向獨裁者希特勒嗆聲的藝人
- 歷盡滄桑，相差三十五歲的真愛

目錄

目錄

第六章　初涉影壇

第七章　簽約新東家

第八章　百萬薪酬

目錄

目錄

序

序

查爾斯·史賓賽·卓別林（西元一八八九到一九七七年），英國電影演員，導演，製片人，喜劇大師，不列顛帝國勛章佩戴者，晚年被英國女王賜予「史賓賽」的姓氏，封為爵士。

一八八九年，卓別林出生於一個演員的家庭，父母都是優秀的歌舞劇演員。幼年他歷經坎坷，小小年紀就懂得了人生的艱辛和苦楚，五歲登臺替母親解圍，八歲參加木屐表演貼補家用，中間兩度因為貧困難耐被迫進入貧民習藝所生活。十歲經歷喪父之痛，他便輟學賺錢。他當過雜貨店跑腿的小夥計、私人診所的服務生、有錢人家的小傭人、書報經售店的小報童、吹玻璃的小工、販賣玩具的小販、印刷廠的小童工等等。

雖然這種漂泊無依的生活讓人心酸，但過早的人生歷練使卓別林小小年紀便形成了堅毅、頑強而樂觀的性格特質。「貧窮的人沒有悲傷的權力」，他將這種悲傷化成一個個微笑融入幼小的心田，為他以後所創造的角色提供了豐富而立體的素材。

從十二歲開始，卓別林便在遊藝場和巡迴劇團賣藝，他從前輩的喜劇演員身上學到了不少技藝，顯露出了創作天賦，逐漸形成了不是以低級打鬧為笑點，而是創造逗趣、幽默又俏皮的性格喜劇為笑點的個人風格。

一九一三年，二十四歲的卓別林跟隨卡爾諾默劇團去美國演出，被美國基石電影公司老闆相中，從此開始了他的電影生涯。

一年後，在導演要求卓別林弄一個搞笑的點子時，卓別林第一次創造了那個頭戴圓頂禮帽、手持竹手杖、足登大皮靴、走路像鴨子的流浪漢夏爾洛的形象。此後，夏爾洛的形象一直跟隨卓別林形影不離。

從一九一九年開始，卓別林獨立製片，此後一生共拍攝了八十部喜劇片：《淘金記》、《城市之光》、《摩登時代》、《大獨裁者》、《凡爾杜先生》、《舞臺生涯》等等。

卓別林以其精湛的表演藝術，創造了成熟的「笑中帶淚」的喜劇模式，而他所創造的小人物又是那麼鮮活而生動，以至得到不少下層民眾的同情。他用影片作為武器對社會的種種弊端進行辛辣的諷刺，甚至對法西斯頭子希特勒也進行了無情的鞭笞。

一九五二年，卓別林受到麥卡錫主義的迫害，被迫離開美國，定居瑞士。在瑞士期間，他拍攝了尖銳諷刺麥卡錫主義的影片《紐約王》。

一九七二年，美國隆重邀請卓別林回到好萊塢，授予他奧斯卡終身成就獎，稱他「在二十世紀為電影藝術作出不可估量的貢獻」。

本書從卓別林的兒時生活開始寫起，一直追溯到他所創作出的偉大作品及為世界藝術所做出的出色貢獻，再現了卓別林充滿曲折、離奇而又跌宕起伏的一生，讓讀者瞭解這位世界級藝術家不平凡的人生歷程，並體會他對理想執著不懈的探求精神，以及對困難和挫折不屈服、不服輸、不抱怨的堅強品格。

第一章　幼年登臺

我摯愛悲劇，因悲劇的底處，常有某種漂亮的東西，所以我才喜好悲劇。

——卓別林

第一章　幼年登臺

（一）父親酗酒

「命運之神捉弄人時，既不稍存憐憫，又不顧及公道。」當六十九歲高齡的卓別林回憶起自己的童年生活時，這樣寫道。

卓別林的童年是異常艱辛的，但苦難沒有將他打倒，反正鑄就了他堅強樂觀的個性，為他的藝術創作提供了不竭的源泉。

查爾斯·史賓賽·卓別林，人們又親熱地稱呼他為查理。他出生於一八八九年四月十六日，在位於英國倫敦的沃爾沃思區的東街，父母均是才藝俱佳的藝人。母親漢娜·希爾是雜劇場的喜劇演員，雖然沒有傾國傾城的美貌，但卻因身材嬌小玲瓏，面孔白皙，表演中又常常帶有幽默的逗趣，深得觀眾的喜愛，一度成為名角。卓別林的父親是一位非常沉靜、喜歡深思的歌舞劇演員。年輕時，他嗓音洪亮，眼睛烏黑，具有東方的神祕之美，是劇團中數一數二的次中音。

在最初的幾個年頭，這個家是充滿溫馨和富裕的。父親每週賺四十英鎊，加上母親的收入，支撐三間房子和僱傭一個女僕是綽綽有餘的。但是，生活的平衡很快就被打破了，因為老卓別林先生酗酒成性，這在喜劇演員中似乎是很難避免的宿命。

（一）父親酗酒

倫敦的霧氣使得這裡常年潮濕和低溫寒冷，使得酒業發達、酒館林立。十九世紀末期，有戲劇演出的街道周圍都有酒館，而且幾乎所有的戲院都設有酒吧，演完戲在酒吧裡泡一泡已經成了多數演員的習慣。這一習慣也給戲院老闆帶來不少額外的收入，很多名角的錢就這樣轉了一圈又回到了老闆的口袋裡。

散發著誘人香氣的酒精，使不少藝人沉醉其中無法自拔，老卓別林先生就是其中之一。同很多人一樣，喝酒買醉之後，暴力的一面就顯露了出來。在與妻子漢娜的幾次嚴重衝突、甚至動武之後，老卓別林先生搬離了這個家。

漢娜活潑幽默，直率熱情，充滿愛心與責任感，同時也是個敢作敢為的女人。與老卓別林先生分手後，勇敢地獨自一人帶著兩個孩子生活。大一點的男孩名叫雪梨，與查理同母異父。漢娜甚至連查理的撫養費都沒向法院申請要求老卓別林先生出。那時正是漢娜演藝生涯的鼎盛時期，她每週可以拿到二十五英鎊的包銀。所以每次出門時，她都把兩個孩子打扮得漂漂亮亮的：雪梨穿上一套貴族公立學校的學生套裝；小查理穿著藍色天鵝絨外套，戴著一副藍色的手套。

秀髮垂肩、年輕漂亮的少婦打著花傘，領著兩個手拿風車、汽球、活潑可愛的孩子，沿著西敏橋路漫步而遊，那情景簡直就是一幅美術名作。

這個時候的小查理生活是非常快樂的，他跟隨母親和哥哥一起在水晶宮遊樂場看雜耍，乘坐遊艇在泰晤士河上觀光，還可以去坎特伯雷雜劇場坐在紅絲絨椅子上看表演，可以花六便士在娛樂場的木桶中摸彩。街上那些吸引人的店鋪、酒館和音樂廳，水果店裡陳設得五光十色的各色水果等，全都深深地吸引著小查理的注意。這時候的小查理，生活簡直無憂無慮，連做夢都是五光十色的。

(二) 初次登臺

彷佛一夜之間，小查理的生活發生了巨大的變化。嗓子是一個演員的根本，而母親漢娜的嗓子早就常常失潤，而且喉嚨很容易感染，稍微受點兒風寒就會患喉炎，一病就是幾個星期。但她又不能丟下工作不做，相反，她必須繼續演唱，以賺錢來養家餬口。結果，她的聲音越來越差，演唱時甚至常常低聲細語，惹得觀眾不滿，大聲喧譁。加之經濟蕭條，劇團的生意也越來越差，漢娜整天對自己的嗓子提心吊膽，精神也逐漸垮了下來。

（二）初次登臺

為了生計，劇團只好到倫敦以外的地方演出。那一次是在倫敦西南三十多英里的奧爾德肖特市的俱樂部裡演出，前來看戲的大部分是駐紮在附近計程車兵。他們可不像那些有錢的城裡人那麼有禮貌，稍微一不如意，他們就會毫不留情地把演員趕下臺。

不巧的是，這時又恰好趕上漢娜喉炎最嚴重的時候。由於不放心小查理一個人待在旅館裡，她就把他帶到俱樂部，然後安置在俱樂部的後臺。小查理依舊躲在二三道帷幕後，看著母親的表演。

漢娜勉強維持著開始演唱，她的聲音越來越低，以至於下面的觀眾根本聽不清她在唱什麼。士兵們很不耐煩，他們大聲地嘲笑她，還跟著樂曲憋著嗓子唱起來，甚至發出各式各樣的怪叫。漢娜知道無法唱下去了，她懊惱地走進後臺，臺下立刻大聲喧譁起來。

劇團的人急得團團轉，舞臺監督一眼看到躲在側幕邊的小查理。他靈機一動，建議漢娜讓小查理上來表演，因為小查理曾經當著他的面表演過。

就這樣，小查理懵懵懂懂地被領上了舞臺。他遺傳了父母的表演天賦，上臺後一點兒也不怯場。大大的幕前出現了他小小的身影，他唱起了那首正流行的歌曲《傑克．瓊斯》：

一談起傑克．瓊斯，

哪一個不知道？

你不是見過嗎？

他常常在市場上跑，

我可沒意思找傑克的錯兒，

只要呀，只要他仍舊像以前一樣好。

可是呀，自從他有了金條，

這一來，他可變壞了。

……

（二）初次登臺

小查理活潑的動作和清脆的童音，立即贏得了士兵們的喜愛，他們紛紛將便士扔到臺上。可愛的小查理見到滾到腳邊的錢幣，馬上停下來，並且極其認真地說：

「請等等，我必須先撿起這些便士才可以繼續為先生們演唱。」

雖是童言無忌，但話一出口，臺下臺上哄堂大笑。舞臺監督趕快走出來，幫小查理撿起那些便士。小查理眼巴巴地看著這一切，便脫口而出：

「先生，你可不能撿著歸自己，這全都是給我的呀！」

說著，他還眼巴巴緊跟在舞臺監督後面。當看到那些錢被交到站在側幕邊的母親手上，他才放了心。觀眾又是一陣哄堂大笑。

小查理又回到舞臺中間，從容地接著唱了起來：

可是呀，自從他有了金條，

這一來，他可變壞了，

只瞧瞧他怎樣對待哥兒們，

就叫我心裡十分地糟。

現在呀，星期天早晨他要讀《電訊》，

可以前吶，他只翻一翻《明星報》。

自從傑克．瓊斯有了那點兒鈔票，

嗨，他得意得不知道怎麼辦才好。

……

小查理繼續不慌不忙地邊唱邊舞，還跟觀眾們說著話，並且還唱起了一支母親經常唱的愛爾蘭歌曲，那是寫給軍人的，帶有進行曲的味道：

賴利賴利，就是他那個小白臉叫我著了迷，

賴利賴利，就是他那個小白臉很中我的意。

……

小查理越唱越起勁兒，最後還模仿起母親的沙啞聲來。觀眾們也來了熱情，便士如雨點般飛上臺。謝幕時，母親走上舞臺，領著小查理，觀眾又大聲鼓起掌來。

那天夜裡是小查理的第一次登臺表演，也是母親的最後一次。

（三）悲慘而又快樂的日子

冬天很快就到了，漢娜的嗓子越來越嚴重，眼看登臺無望，漢娜只能不斷地節縮開支。那兩年裡，他們一再搬家，房子也由原來的三間變成了兩間，直至一間，居住的環境也更加陰暗了。沒有了收入，儲存的積蓄也很快花光了，漢娜把自己的首飾和值錢的東西也都拿出來賣掉了。

在現實的困境之下，漢娜開始篤信天主教，希望借由虔誠的禱告能夠換回失聲的嗓音。經濟的威脅也讓她不得不放下自尊尋求法律的援助，向卓別林先生要求小查理的撫養費。卓別林先生答應每週準時補貼給小查理十先令。

漢娜自己偶爾還幫人家帶孩子補貼一下家用，但這活計很短暫。因此，她又靠著自己會做衣服的技術租了一架縫紉機，幫教友們縫衣服，艱難度日。

儘管生活艱辛，但漢娜始終滿懷希望。她的那一箱子戲裝仍然放在房間的角落裡，她熱切地期盼著它們能有派上用場的那一天。而且即使在這樣窘困無奈的日子裡，漢娜也盡量保持一個好母親所能給予孩子的最大影響。她以一個藝術者特有的敏感，覺察出了孩子們的天賦，因此一有空閒，她便聲情並茂表演給兩個小觀眾看。

漢娜用她那沙啞的嗓音輕聲唱出她自己創作和唱紅一時的《我是女法官》，那首輕快、活潑的歌曲讓小查理百聽不厭：

我是一位女法官，
也是一位好法官。
判斷案子真公平，
審理官司很在行。
我要教律師，
明白幾件事；
還要讓他們看一看，
女孩到底有多大能耐多大膽。
……

此刻，漢娜甚至忘了手中的針線活，她以驚人的瀟灑姿態開始表演她那優美的舞蹈，同時還繪聲繪影扮演著幾個角色，在小查理和雪梨的心中播下藝術的種子。

她還時不時地以自己敏銳的觀察力講訴那些當時著名的男女演員的藝術技巧和表演才華給孩子們聽。

多年以後，卓別林仍然記得母親充滿感情而又繪聲繪色地給他講解《聖經》的情景：基督如何愛憐窮人和孩子，如何對一般人體諒和寬容。面對一個不幸的女人犯了過失，暴徒們想要砸死她時，基督如何挺身而出：

「你們之中有誰敢說自己絕對沒有罪過，才可以用石頭砸這女人。」

這些人物和對白深深地印刻在小查理的心中。他被母親所描述的故事打動著，在讀到耶穌離世的最後話語時，母子二人抱頭痛哭。漢娜嗚咽著說：

「他是多麼富有人情味呀！」

冬天漸漸臨近了，孩子們也一天天長高，舊衣服都穿不進去了。由於沒錢買新衣服給孩子們，漢娜就只能改自己的衣服：雪梨穿上了袖子上帶有紅黑兩色條紋、肩上打了褶兒的上衣，腳踏一雙截低了的高跟鞋，同學們都嘲笑雪梨穿著「雅各給的綵衣」。因為這個，雪梨在學校裡常常與人打架。而小查理則穿著用母親的紅色緊身衣改的長統襪，被大夥逗趣地稱為「法蘭西斯·德瑞克爵士」。

漢娜愈是為生活發愁，生活就愈是折磨她。她的偏頭痛發作了，縫紉機也因為沒有付足租金被搬了回去。儘管母親連心愛的戲服也當了，但全家依然衣食無著，因為酗酒的父親並沒有按時支付那十先令的贍養費。

在這種禍不單行的情況下，漢娜只得另找一位律師。可是律師看出這件案子沒多大油水可撈，就不願意幫漢娜打官司，而是勸她領著兩個孩子去請求蘭貝斯市當局救濟，這樣可以迫使父親出錢。漢娜走投無路，只得決定三個人一道住蘭貝斯貧民習藝所。

第二章　顛沛流離的生活

用特寫鏡頭看生活，生活是一個悲劇，但用長鏡頭看生活，生活則是個笑劇。

——卓別林

(一) 孤兒學校

一八九五年夏季，六歲小查理和十歲的雪梨隨母親走進了蘭貝斯貧民習藝所。雖然在這裡將受到嚴格的管束，但畢竟可以稍稍遠離吃了上頓沒下頓、每天跑當鋪的困苦日子。因此，新生活仍然讓小兄弟倆充滿新奇和喜悅。

孩子住進兒童收容部，母親則住進婦女收容部，一家人就這麼被分開了。蘭貝斯貧民習藝所實行的是封閉式管理，制度嚴格，每人都要脫下自己的衣褲洗了用蒸汽消毒，然後穿上貧民習藝所的制服。

遠離母親的小查理第一次感覺到了孤獨無依的滋味。到了每週唯一的一次探望機會，他和哥哥才能見到日夜想念的母親。母子三人痛哭流涕，一句話也說不出。分別後，哥哥對小查理說：母親老了好多。

三個星期後，按照規定，小查理和雪梨將被轉到漢威爾貧民孤兒學校去。那是倫敦當局出於人道和責任，專門為生活無著的貧民、孤兒創辦的學校。孩子們要經過體格、智力檢查與試讀後，才能進入學校的本部。在生活上，他們會被照顧得很好，但校規要比蘭貝斯區習藝所更嚴格。

（一）孤兒學校

雪梨比查理大四歲，被分到了大班，兄弟兩人也被分開了，不僅學習不在一起，連睡覺也不在一起。六歲的小查理想到母親遠在千里之外，而哥哥也不在身邊，更覺得自己孤苦伶仃。幸好兩個月後，三人的一次外出相聚才稍稍緩解了這些痛苦。

此後差不多一年時間，小查理一直在這裡學習。他學會了寫自己的名字，也開始有了性別意識。當學校安排比他們大一倍的小女孩幫他們洗澡時，他覺得十分難為情。

學校的規矩雖然嚴格，但天性活潑好動的孩子們還是會調皮搗蛋一番。小查理經常看到違反校規的同學們被籐條或木板打得進了醫院。執行人是一個退役的粗壯的海軍上尉，他慢條斯理地高舉籐條，然後迅速抽下去，這讓孩子們覺得十分恐怖。

一次，小查理被人誣告而即將遭受懲罰。當教官詢問他是否有罪的時候，他居然鬼使神差地大聲答道：

「有罪！」

此時，小查理覺得自己就像一齣戲的主角，他在扮演一個冒險的角色。於是，他的雙腳被綁住了，臉朝下被橫放在長桌上，由人按著，他的襯衫被扯出來罩住他的腦袋。海軍上尉神氣活現地打了小查理三籐條，小查理疼得幾乎無法呼吸，但他覺得自己勇敢極了。

雪梨眼看著弟弟被打，氣憤地哭了。雪梨常常在廚房裡幹活，因此他總能偷偷地塞給查理夾了一大塊奶油的麵包捲著吃。但這種日子也沒維持多久，一年以後，雪梨十一歲時，他就上船到「埃克斯默思」號去實習了，因為他一心想要學航海。

隨後，愛面子的小查理又感染了學校流行的「金錢癬」。當時為了治療，染病的孩子的腦袋都要被剃得光光的，還要到處都塗上碘酒，小查理覺得那個樣子噁心極了。因此，當一個保姆撥開他的腦袋發現他得了金錢癬時，小查理居然憂鬱的哭了起來。

正好這時候，母親來看他。母親是那麼鮮豔、那麼可愛，而自己卻邋裡邋遢的，小查理居然不好意思起來。

「瞧他這張邋遢臉，你可得原諒他呀。」瞧出小查理的難為情，保姆對母親說。

母親笑起來了，緊緊摟著寶貝兒子，一邊親吻他，一面親切地說：

「不管你多麼邋遢，我總是愛你的。」

（二）與繼母生活

小查理的病好了，而這期間，他和母親有了一次短暫的相聚。母親漢娜總是千方百計地希望跟孩子們在一起的，所以當漢娜稍微有點錢後，就把兩個孩子接了出來，並在肯寧頓公園的後面租了一間房間。可由於漢娜無法找到工作，生活難以維持，不久後，他們只好又回到貧民習藝所裡，小哥倆再次被轉到另一間孤兒學校。長久以來的打擊，使得這位堅強的母親再也挺不下了。

一天，雪梨正在運動場上踢足球，突然有兩個保姆跑過來把叫他到場外，悄悄告訴說他：

「你的媽媽精神失常，已經被送進瘋人院去了。」

雪梨聽了保姆的話，非常難過，但他還是堅持踢完了這場球賽。等到球賽一結束，他就獨自走開，哭了起來。

當他把消息告訴小查理時，小查理並不相信這是真的：不可能的，母親那麼樂觀、那麼開朗，又是那麼爽朗堅強的人，這種禍事怎麼會落到她身上呢？

他覺得可能是母親不想要他們了，所以才故意要喪失理智。想到這裡，小查理覺得非常絕望。

無論小查理多麼不願意相信，事情很快就被證實了。一週後，法院裁決由老卓別林先生負責撫養兩個孩子。聽說要與父親在一起生活，出於親近父親的天性，小查理還是覺得比較高興。

校方派車把雪梨和小查理送到了肯寧頓路二八七號，這是老卓別林先生和他的第二任妻子露易絲的住所。其實除了酗酒的時候之外，老卓別林先生還是很愛孩子的。與查理的母親相反，露易絲是個身材高大、面孔消瘦，有著豐滿的嘴唇和憂鬱眼神的女人。她雖然心地善良，但自己這時已經有了一個孩子，現在又要撫養丈夫和前妻的兩個孩子，這讓她怎麼也高興不起來。

（二）與繼母生活

露易絲和老卓別林先生有著共同的愛好：酗酒。而且喝酒後脾氣暴躁，兩個人經常吵架，有時還大打出手。露易絲還十分不喜歡雪梨，不僅因為這個孩子跟老卓別林先生沒有絲毫的關係，還因為雪梨經常與她對著幹，這讓小查理既害怕又犯愁。

這段時間，雪梨和查理被送進肯寧頓學校讀書，七歲的查理開始接受正規的教育。他非常懂事，一放學就回家幫助幹活跑腿，週末下午回家拖地板、洗餐具。但家中的氛圍他並不喜歡，父親經常很晚才回家，露易絲對他也是不冷不熱的。哥哥雪梨因為不喜歡露易絲，也總是很晚才回家。

一個星期六的早上，老卓別林先生和露易絲大吵了一架，兩人都出去了。到了中午，小查理放學回家時，發現家中空無一人，雪梨踢球去了也沒回來。廚房空無一物，小查理肚子空空的。他感到很難過，就一個人出去散心，饑腸轆轆地在肯寧頓路上徘徊：街上到處飄來烤牛排、烤豬排的香氣，肉汁滷的馬鈴薯也金黃誘人……

天漸漸黑了，小查理聽到街頭藝人吹響了大簫，拉起了手風琴，《金銀花和蜜蜂》的樂曲在廣場上空迴旋……

優美的音樂讓小查理暫時忘記了饑餓和孤獨。後來天很晚了，街上的人都離開了，他才不得不一步步疲憊地往家裡走去。

剛走到家門口，小查理就被露易絲的叫罵聲嚇到了：

「給我滾出去！你和你的哥哥都滾！讓你們的父親去管你們！」

小查理跑了出去，正好撞見了醉歸的父親，他嗚嗚咽咽地說著：

「她喝醉了。」

同樣喝醉了的老卓別林先生見露易絲罵自己的兒子，非常生氣，狠狠地打了露易絲，還一失手將露易絲打暈了。

還有一次的夜裡，露易絲將查理和雪梨關在門外，他們只得睡在一個值夜人的火爐旁邊。警察發現這兩個孩子後，就對露易絲發出了警告，而兒童虐待防止會的辦事人員也找到了露易絲，這讓露易絲非常生氣。

（三）戲班童年

寄人籬下的日子終於要結束了。幾天之後，恰巧老卓別林先生去各地巡迴演出了，露易絲收到了一封通知信，說漢娜恢復正常，已經出院了。幾天後，房東太太走上樓來，說有一位夫人在大門口，呼喚雪梨和查理出去。露易絲就對雪梨和查理說：

「來的是你們的母親，你們快去吧。」

兩個孩子一時間都愣住了。隨即，雪梨連跑帶跳跑下樓，撲到母親懷裡；小查理緊跟在哥哥身後。那個滿面笑容的可愛的母親，親熱地擁抱了孩子們。

雖然相處得並不十分融洽，但離別的時候，露易絲和孩子們都沒有氣惱和怨恨的表示。兩天後，肯寧頓路口一條後街的一間房間成了漢娜和兩個孩子的新家。這間房子的租金很少，條件也不好，他們老是能聞到附近醃菜廠所散發出的酸味。

漢娜的身體恢復得非常好，她又重新租回了縫紉機；老卓別林先生所在戲院的生意也好了起來了，每週十先令的贍養費也能按時支付了。查理和雪梨繼續去肯寧頓學校唸書，一切又朝著良好的方向發展著。

此時，小查理開始不斷學習新的知識：歷史、詩歌和科學等，都讓小查理大開眼界。他發現，自己對於刻板的理科並不喜歡；與之相比，他最喜歡的還是母親所言傳身教的戲劇表演。

有一次，漢娜在街上報刊門市部的櫥窗上看到一首喜劇歌詞，標題是《普麗茜拉小姐的貓》。她發覺這個歌詞十分有趣，就隨手抄了下來，帶回去讓小查理背誦。

在課間休息時，小查理就唱給同學們聽。沒想到被老師聽到了，上課了，他讓小查理背給全班同學聽，結果大家哄堂大笑。於是第二天，這個默默無聞的小學生成了全校的焦點。

雖然小查理五歲時就已經登臺表演過，但這一次，他才真正體會了演出的獨特魅力。小小的驕傲甚至讓他的學習成績有了些許的提高。

（三）戲班童年

然而，窘困的生活很快就讓查理告別了學校生活。為了貼補家用，也為了讓查理的藝術天賦得到進一步的提高，老卓別林先生勸說漢娜讓小查理參加舞蹈班。這是卓別林先生的老友傑克森先生開辦的兒童戲班。

傑克森先生自己的孩子也在這個班裡學表演。在見到了傑克森夫婦，並獲得承諾每週半磅的收入之後，漢娜同意讓小查理試一試。就這樣，小查理告別了同學們，來到戲班學習滑稽戲的表演。

木屐對查理小小的身軀來說，顯得有些沉重，但對表演的熱愛使得小查理顧不得這些。經過六個星期緊張的排練，小查理終於可以在班裡合著跳舞了。

很快，查理就克服了面對觀眾的怯場心理。他強烈地希望能夠單獨表演，為此，他賣力地練習各種基本功：舞蹈、雜耍、翻跟斗、走鋼索等，什麼本領他都想學一點兒，搞出點名堂。

他甚至還自己存一點錢買了四個皮球和四個白鐵臉盆，每天站在床頭不斷地練習。戲院早晨剛一開門，他就去練習翻跟斗和走鋼索了……

在外出演出過程中，查理和其他的小演員們會在當地的學校念一週的書，但這對學業並沒有絲毫的幫助。與學業上微乎其微的收穫相比，小查理有幸看到了英、法一些著名丑角、喜劇演員的表演，並曾為其中的幾個人配戲。在喜劇中扮演流浪漢耍雜技的名演員查莫覺得小查理無論學什麼都會記得牢，而且會很好地利用這些知識與本領，因此他給了小查理不少鼓勵和幫助。而他的鼓勵也讓查理的信心更足了，練習也更加刻苦起來。

喜劇演員威廉斯喜歡專門把狄更斯小說中的人物搬上舞臺：《大衛．科波菲爾》中的市井無賴希普、《孤雛淚》中的惡棍比爾、《老古玩店》中的老者……

從他的角色中，查理又對文學產生了濃厚的興趣。為此，他自己還買了這些書，仔細思索和模仿那幾個角色。他努力地模仿《老古玩店》中的老者，傑克森先生在無意中發現後，驚喜地當著戲班其他孩子的面宣布：

「查理是一個天才演員。」

法國馬戲名丑馬塞林的滑稽戲新鮮奇特。他在演釣魚時，當魚上鉤後，他欣喜若狂地轉著圈扳釣魚竿，最後竟從水中提出來一隻能模仿人的小狗。

他的創新精神讓小查理獲益匪淺，因此一有機會，小查理也在舞臺上進行創新表演。雖然他的逗趣表演引得觀眾哈哈大笑，但舞臺監督急得直跺腳，小查理的實驗只好作罷。

（四）窘境

查理在八童伶木屐舞蹈班呆了一年多，每當週末回家看望母親時，母親總是為孩子的健康擔心。母親漢娜認為：對於九歲就面色蒼白、身體消瘦的查理來說，舞蹈是對肺有傷害的。她常常給傑克森先生寫信，絮叨這件事，傑克森先生實在不勝其擾，就把查理送回了家。

回來後不久，查理就害了氣喘病。經過母親幾個月的精心護理，他的病才痊癒。後來，母親的一位老朋友嫁給了一個有錢人做外室，查理與母親去做客。那段日子是查理過得最舒服的生活。但正如漢娜所說的那樣：

「客人好像是糕點，留得時間久了，就會變味，不合吃了。」

所以最後，母親和查理也只能離開了那個體面的人家，回到了波納爾弄三號，重新過起窮苦的日子。

漢娜的縫紉機仍然不停地運轉，但每天做十二小時的活，一週的報酬最高還不到七先令。幸好十四歲的雪梨已經從學校出來，在河濱馬路郵局當了正式的報差，每週有七先令的收入。

接著，一個難題又出現了，那就是必須為雪梨做一套新衣服。因為雪梨已經沒有別的衣服能穿了，整個星期都穿著他那套報差的制服，到後來他的朋友都取笑他了。所以有兩個週末，他都是躲在家裡不出門。

漢娜好不容易湊齊了十八個先令，給雪梨買了一套藍嗶嘰衣服。但這樣一來，這個剛剛能維持溫飽的家庭就虧空了。因此，只好每週的星期一這天，當雪梨穿著他那身報差的制服上班時，漢娜將那套嗶嘰衣服送去當了。她將衣服當了七先令，剛好到星期六等雪梨發了薪水再將衣服贖出來。

這樣的日子一直持續了一年。一年後的一個星期一早晨，漢娜像往常一樣到當鋪裡去，那個夥計十分為難地說：

「對不起，卓別林夫人，我們不能當給你七先令了。」

「為什麼呀？」漢娜不解地問。

「因為那太擔風險了。這條褲子已經磨損了，你瞧呀，」他邊說邊把一隻手襯在褲襠底裡，「你可以看得見那一面了。」

「可是，這個星期六就給它贖出來呀。」漢娜繼續說。

但當鋪的夥計只是搖搖頭：

「連上衣帶褲子，最多我只能出三先令。」

這樣的窘境，讓漢娜十分傷心。

（四）窘境

第三章　十歲的童工

母親使我看到了這個世界上前所未有的慈祥的光輝，在這種光輝的照耀下，文學和戲劇才具有它們最偉大、最富有意義的主題，也就是關於愛情、憐憫與人性的主題。

——卓別林

(一）父親離世

長期的酗酒使得老卓別林先生的健康狀況每況愈下，他最終患了嚴重的水腫。不少演藝界的人士解囊相助，講義氣的傑克森先生率兒童戲班也參與了募款。但老卓別林先生的病情並沒有好轉，這樣一直拖到一八九九年，也就是小查理十歲這年，他的身體徹底垮了。

查理清楚地記得那一天，當他走過肯寧頓路三鹿酒館時，突然想向裡面瞧瞧父親是不是在，雖然那並不是父親常去的酒館。但當查理推門進去時，居然真的看見父親坐在那裡。此時老卓別林先生身體浮腫，雙眼凹陷，已經失去了昔日的瀟灑風采。

看到兒子後，老卓別林先生臉上露出了親切的笑容，他熱切地喚兒子過去。父親在小查理面前是很少流露感情的，因此，老卓別林先生的這一舉動讓小查理有些驚奇。

查理走到父親跟前，父親問起了母親和雪梨的近況，並在小查理臨走之前，把他摟在懷中，第一次吻了他。

三個星期後，老卓別林先生被送進了醫院，漢娜去探望了幾次，每次回來都很傷心。雖然卓別林先生說想要重新回到她身邊，還要和她一道去非洲過新的生活，但漢娜清楚：這只是安慰她的話罷了。

沒過多久，老卓別林先生就去世了，這位年僅三十七歲的藝人就這樣演繹完了自己短暫的一生。漢娜依然是法定遺孀，因此，喪事需要她來打理，但她卻身無分文，只能求助於演藝慈善團體「雜耍演員福利基金會」。

然而，卓別林家族的人此時卻突然冒了出來——他那在蘭貝斯區開了好幾家酒館的哥哥，以及在非洲擁有大片牧場的弟弟，紛紛認為漢娜這樣做有失卓別林家族的體面，因此提出由他們來支付喪葬費。

就這樣，老卓別林先生活著的時候雖然窮困潦倒，而死的時候卻是風風光光。這也是人生的一個悲喜劇。

在老卓別林先生入殮的前一刻，漢娜帶著查理去見父親最後一面。當她見到棺木裡與前夫的臉相映襯的小朵白色雛菊時，覺得那些花又樸素又動人，便問那是誰放在那兒的。管事的稱，那是露易絲清早時來佈置的。由於露易絲沒有與老卓別林先生正式結婚，所以她只能遠遠地瞧著自己愛的人下葬。

下葬時，天氣突然下起了大雨，親屬們紛紛把他們的花圈和花朵扔進墓穴。漢娜沒東西可扔，就隨手取下小查理珍愛的黑邊手絹扔了進去，也算是盡了母子兩人的心意。

葬禮一結束，漢娜便帶著衣著寒酸的小查理回到了自己的家，將一個舊煤油爐子賣了半便士，買了一個麵包充饑。

第二天，漢娜從醫院裡領回老卓別林先生的遺物。當她從一雙裝滿桔子的鞋裡拿出桔子時，一個半鎊金幣變戲法似地滾落出來。這，就是喜劇演員老卓別林先生留給前妻和兒子的所有家當！

（二）打工生涯

十歲多的查理這時已經將自己當成是一個成年的男子漢了，他要做工養家。當他看到賣花的小女生時，也想用這個方法賺些錢。因此，他好說歹說從母親那裡借

來了一先令，去花市買了一些水仙花，然後把花分紮成一些小束，到酒館去向太太小姐們推銷。

「買水仙花呀，太太。」

「小姐，買一束花吧。」

這個還戴著孝布的小孩，一臉哀愁地站在那裡，一下子就贏得那些有錢的太太小姐們的憐愛。不大一下午，小查理就賣了五先令。查理這樣做了幾天後，終於被母親撞見了。漢娜恨透了酒館，從此禁止小查理再去酒館賣花。

查理只得另想辦法賺錢。他說服母親，不唸書了，去找工作賺錢養家，百般無奈的漢娜只得同意了。

「生活使他感到，自己像一隻瞎了眼的老鼠被逼到了牆角落裡，他等待的是打下來的棍子。」英國作家康拉德的話此時恰巧符合漢娜當時的心境。

當別的同齡孩子還在學校學習知識，得到精心的照顧的時候，小查理已經在倫敦的各個區間奔走了。這個剛剛十歲的孩子做過許多工作：雜貨店跑腿的小夥計、私人診所的服務生、有錢人家的小傭人、書報經售店的小報童、吹玻璃的小童工、賣玩具的小販子、印刷廠的小工人……

（二）打工生涯

當然，這些工作全都是臨時性的。查理就這樣打了兩年的零工。由於各式各樣的原因，查理不得不頻繁地換工作。最後一份工作是在印刷廠，每天天沒亮他就要去上工。經過不懈的努力，他也終於學會了這門技術，快要成為熟練的工人了。可眼看能每星期能領到十二先令的收入時，查理卻患上了流行性感冒。漢娜不願讓兒子再從事這樣重體力勞動的童工，逼著他辭了這份工作重新上學。

就這樣，離別了學校兩年後，小查理又重新回到學校。但即使在上學時，他也是半工半讀，經常利用放學時間教有錢人家的小孩子學跳舞，賺個幾先令。

這時，已經十六歲的雪梨到一家輪船公司開往非洲的客輪上作號手，每次出航前可以預支三十五先令，這筆錢對這個家來說太重要了。所以在這一時期，漢娜一家的生活也有了些許的起色，因此便搬到了切斯特街的一套兩間屋子裡。

雪梨第一次航行歸來時，還帶回來了三鎊多賞錢。這樣一來，母子三人連早餐都能吃到燻鯡魚、鮭魚、鱈魚和麵包了。

不久，雪梨又出航了，但這次並不像第一次那麼順利。六個星期過去了，雪梨音信全無，提前預支的三十五先令也早已用完。漢娜租的縫紉機再次被人搬走，查理教舞蹈的微薄收入也意外落空了。

這時，漢娜的一個好朋友、曾是喜劇演員的麥卡西太太突然病故，這一切都讓漢娜感到人生的無常。她寫信到輪船公司的辦事處，打聽雪梨的消息，得知雪梨患病了，正在南非就醫，這讓她更加擔心。

這期間，查理幾乎每天晚上都去麥卡西家裡吃晚飯，因為家裡確實沒什麼東西可吃了。這種情況也讓漢娜的健康狀態十分糟糕，長期的營養不良加上憂心忡忡，終於有一天，她的精神再次崩潰了。

(三) 母親再次神經失常

一天中午，當查理放學回家，剛走到家門口時，鄰居的幾個小孩攔住了他，並告訴說他：

「你的母親瘋了。」

（三）母親再次神經失常

雖然母親的精神曾失常過一次，但查理仍不相信。他飛也似地跑上頂樓，看到母親正心事重重、臉色蒼白地坐在窗前，這時他才想起來，這樣的情形已經一個多星期了。

查理大聲叫了一聲：

「媽媽！」

隨後撲過去把臉貼在母親懷中。

漢娜親切地撫摩著小兒子的頭：

「出了什麼事啦？」

查理嗚咽著說：

「您身體不好啦？」

「我很好啊。」

「不對，他們說您身體不好了。」

漢娜嘆了口氣，然後有氣無力痛苦地說道：

「雪梨不見了，我去找他呀。他們把他藏起來，不許我見他。」

查理心如刀絞，他明白，母親再一次精神失常了。他剛想去請醫生，房東太太就告訴他說已經請過了，醫生留了一張「精神失常」的條子便離開了。條子上還寫著「營養不良」，表明這次精神失常是餓壞了的緣故。

查理費了好大勁才把母親送到醫院。醫生關切地問他：

「那麼，你以後怎麼辦呢，孩子？」

查理沒辦法，只能再次到貧民習藝所去。所以，他隨便撒了個謊便離開了。

此時的查理傷心得覺得知覺都麻木了。他在心裡不斷安慰自己：母親進了醫院，總比沒吃沒喝呆在那個陰暗的閣樓上要好。他又想到母親所有的好：她愉快的性情、溫柔親切的神態，以及最近的心事重重。

當查理慢吞吞地回到閣樓上時，又見到早晨母親留給自己的一點兒糖果。他大聲地痛哭起來。就在剛才他伏在媽媽膝上哭的時候，母親還把糖果遞給他吃。

這段時間，查理過起了浪跡街頭的生活。他避開所有認識的人，不想讓他們知道母親的情況，也盡量避開房東太太，怕自己再被送進孤兒學校裡去。他在肯寧頓路後邊一條馬房巷裡幫幾個劈柴的人幹活，這些好心人會給這個可憐的孩子一點工錢和填飽肚子的食物。

這樣過了好長時間，雪梨終於回來了。原來，他在南非治好了風寒後，還發起了一次抽彩會，贏了二十英鎊回來。這筆錢太及時了。他和查理買了新衣服，然後一起去醫院看望母親。不過，母親的病並沒有完全好轉。後來她告訴小查理：如果那天下午她能吃一點兒東西的話，就不會病得那麼嚴重了。

雪梨從醫生那裡也得到了確認：

「她這次精神失常，肯定是由於營養不良造成的，因此需要給她進行適當的治療。現在她雖然有時是清醒的，但如果要她完全復原，那還需要幾個月的時間。」

查理一直記得母親的那句話，並對此懊悔不已。多年後，他甚至都還十分痛恨自己的年幼和無知。

（三）母親再次神經失常

第四章　舞臺生涯的開始

青春是樂觀主義中最突出的因素，因為青年人會本能地感覺到：厄運只不過是暫時的，永遠背時或一直走運都是不可能的。時運總有一天會轉變的。

——卓別林

（一）初試啼聲

「人生活在希望之中。舊的希望實現了，或者泯滅，新的希望的烈焰隨之燃燒起來。如果一個人只是過一天算一天，什麼希望也沒有，他的生命實際上也就停止了。」

莫泊桑的這句名言正適用於此時的小查理。

無論人生之路多麼艱難，查理都沒有放棄成為一個優秀演員的夢想。在經歷了千百次的厄運之後，好運終於降臨到了這個小傢伙的頭上。

有一段時間，每逢星期日，查理都會去布萊克默演員介紹所轉轉。他擦亮皮鞋，刷乾淨那已經發舊的衣服，換上一條潔淨的硬領，殷勤地進入介紹所裡等待。由於害羞和些許自卑，他總是躲在一個角落裡，看著那些衣冠楚楚的「演員」被拒絕。

直到有一次，當所有的人都走光了，他還戀戀不捨地要走開時，一個管事的職員叫住了他：

「你這孩子來幹什麼？」

查理紅著臉，終於擠出了那一句話：

「你們需要扮演孩子的角色嗎？」

對方反問：

「你登記了嗎？」

查理搖搖頭，因為他才十二歲多，從來沒人讓他登記過。

那天，查理在那裡進行了登記。走出介紹所大門時，他像終於卸下了一個重擔一般開心，再也不用去那裡了。

不久，查理就忘記了這件事，沒想到一個月之後，他居然收到了一張明信片，背面寫著：

「請來河濱大街布萊克默演員介紹所。」

查理非常高興，他特意穿上一套新衣服去見了大名鼎鼎的布萊克默先生。布萊克默問了一下查理的情況，然後又給查理一張字條，讓他去找導演漢密爾頓先生。

（一）初試啼聲

漢密爾頓先生需要一個角色——《福爾摩斯》裡的小傭人比利。當他看了這張推薦條後，見小查理又聰慧可愛，十分滿意，並且還想把哈里．亞瑟．桑茨貝里的新戲中的一個孩子角色給了他。

「這齣戲的薪酬是一星期兩鎊十先令，以後演《福爾摩斯》的時候也會拿這麼多。」

這筆錢對小查理來說簡直就是天文數字！但是，他居然連眼睛都不眨一下，一本正經地說：

「我可得和我哥哥商量一下這個待遇。」

漢密爾頓先生哈哈大笑，對在場的人說：

「喏，這就是咱們的比利！」

隨後，漢密爾頓先生又給查理寫了一張推薦信，讓他去拿新戲的腳本。回來的路上，查理興奮得簡直不敢相信這一切是真的。他將腳本緊緊地貼在胸前，像抓住了一顆救命稻草一般。命運突然就掌握在自己手中了，他要奮力抓住它，並且從此改變它。

雪梨聽到這個消息後，激動得眼睛都濕潤了。

「要是媽媽在這兒該多好啊，這是我們的一個轉折點呀！」

腳本裡頭的很多字查理都不認識，雪梨都讀給他聽，並且教弟弟怎樣記那些詞。勤奮好學的查理用了三天的時間就記熟了長達三十五頁的腳本臺詞。

等到排練時，桑茨貝里先生驚訝極了，他甚至懷疑這個小傢伙以前演過戲。在排練中，查理漸漸學會了舞臺表演的基本常識，比如怎樣配合時間、怎樣停頓、怎樣遞點子給一個演員等。

新戲試演了兩週，但這齣戲並不傳奇，被劇評家們大加貶低。然而，其中的小演員查理卻得到了好評：

「幸而有一個角色彌補了它的缺點，那就是報童桑尼。這齣戲之所以招人笑，多半是虧了有這個靈活的倫敦流浪兒童。桑尼一角雖然在劇中被寫得陳腐而平常，但是查爾斯·卓別林這位玲瓏活潑的童伶卻把他演得十分有趣。以前我不曾聽說過這個孩子，但是，我希望，在不久的將來會看到他的巨大成就。」

喜愛查理的老演員讀完這篇評論，對查理說：

「你可別得意忘形啊。」

查理將這些告誡牢牢銘記，就像記臺詞一樣，也將這條評論的每個字都印在自己的腦海裡。而哥哥雪梨為了這條評論，居然買了一堆當天的報紙。在探望母親的時候，他逐字逐句地讀給母親聽。

（二）弄巧成拙

福爾摩斯是當時倫敦的熱點，這位比查理早出生兩年的人物是英國著名作家亞瑟．柯南．道爾的傑作。就連小說中描寫的福爾摩斯地址「倫敦貝克街二二一號」也被後人定為了「福爾摩斯故居」。而對福爾摩斯的狂熱追求也帶動了以他為主角的戲劇節目。因此，這齣戲的意義也相當重大。

桑茨貝里在英國的「福爾摩斯戲」中，被認為是扮演福爾摩斯最傑出的一位。查理十分留心地向這位前輩學習演技，演出也是盛況空前，共上演了十個半月。而查理還為哥哥雪梨爭取了一個小配角，這樣哥倆就都加入了戲班。

生活在兄弟倆的共同經營下終於有所好轉，他們租了一套好房子，把恢復了理智的母親也接來了，還在客廳裡放了一臺鋼琴，在母親的臥室裡擺上了鮮花。母親看到兩個孩子為自己做的這這一切，簡直高興極了。

從十三歲起，查理在倫敦戲劇界逐漸為人所熟知。一九〇五年，《福爾摩斯》的改編者、美國演員吉列來到倫敦續演此劇，劇團邀請了十六歲的查理為吉列配戲，繼而在戲劇中也用他飾比利一角。

該戲在倫敦西區上演。西區是上等人聚集的地方，能在那裡演戲就意味著身分不同於那些小劇團的演員了。查爾斯·卓別林跨過了泰晤士河，出入於約克公爵戲院。吉列飾演的福爾摩斯很紅，歐美一些畫家都以吉列的形象為《福爾摩斯探案》作插圖，就連希臘國王及王后也駕臨約克公爵戲院觀看這齣戲。

十六歲的查理開始情竇初開，他為《福爾摩斯》中扮演愛麗絲·福克納的女演員所傾倒。但是，兩人始終沒有合演的機會。查理老是等候著機會，算計好時間。

終於有一次，他在樓梯上碰見愛麗絲，然後吞吞吐吐地說一句「晚安」。這時，愛麗絲總是喜孜孜地回答一句「晚安」。

（二）弄巧成拙

由於查理的膽怯和含羞，所有的接觸也僅限於此。

演完這齣戲後，查理被介紹到赫赫有名的肯德爾先生那裡去飾演新戲。但查理十分不喜歡肯德爾太太的傲慢無禮，所以他拒絕了這個機會，然後跑到凱西馬戲團去呆了一段時間，並當起了雜耍演員。而哥哥雪梨則去了一個丑角馬戲班。

在這期間，查理開始嘗試喜劇表演。在歌舞短劇和笑劇中，他飾演一個名聞十八世紀的英國大盜，一個以不流血施行外科手術著名的博迪醫生。他將醫生竭力刻畫成學者和教授式的人物。他知道，這樣逗笑的表演有些不像樣，但當時他想用這樣的嘗試將自己的喜劇天賦發掘出來。

像所有的演員一樣，查理也希望能擔當起主角，他開始醞釀自己的新戲碼。那時候，猶太的喜劇演員都很叫座，查理便從美國笑話書裡摘編出歌曲和對話，將自己裝扮了一番，戴上假鬍子模仿猶太人說話，排了一齣輕歌舞。

但是，他錯估了形勢，那些笑話的內容是反猶太的。而且，他假模假樣的猶太話糟糕透了，觀眾並不買他的帳。見到不斷扔上臺來的桔子皮，觀眾又是跺腳，又

是起鬨的，查理簡直被嚇壞了，慌亂從臺上逃走了，連自己的笑話書和音樂書也忘了帶，頭也不回地直奔家裡跑去。

從那開始，查理放棄了朝輕歌舞劇喜劇演員道路探索的想法，開始朝著刻畫性格的喜劇演員方向發展。這期間，他又嘗試在《快樂少校》的短劇中扮演主角：一個多情、熱心的丈夫。那個演少校太太的演員徐娘半老，整日灌酒，而情節要求卓別林必須將她摟在懷裡熱情地吻她。討厭的酒臭氣味，讓雄心勃勃的卓別林十分厭惡，他放棄了這個角色。

（三）新嘗試

青春的最大好處便是樂觀，就在十七歲的查理尋找新的時機時，機會便真的來了。

卡爾諾默劇團在倫敦久負盛名，這個專演喜劇、鬧劇、啞劇的大型劇團有五個戲班在英國各地巡迴演出。老闆卡諾先生本身就一個著名的喜劇演員，雖然哥哥雪梨多次向他推薦查理，但卡諾先生一直認為這個孩子年齡太小，從來沒有約見過查理。恰巧當年卡爾諾默劇團最走紅的短劇《足球賽》正在上演，他十分不滿意與主角配戲的那個演員。

這次，卡諾想到了查理。見到查理後，他便開門見山地問：

「你哥哥說你戲演得不錯，你有把握和韋爾登先生合演《足球賽》嗎？」

查理自然清楚，這是個好機會，因此他以年輕人的熱忱衝口而出：

「只要有機會，我就有把握。」

卡諾先生不置可否地笑笑，說道：

「十七歲還很年輕啊，可你看上去比十七歲還要小。」

查理聳了聳肩，說：

「那只是一個化妝的問題。」

這一聳肩地神氣模樣，讓卡諾先生十分喜歡。他看到了這個喜劇演員的資質，因此立即決定，一週之後由查理來試演兩週。

主演韋爾登先生此時正紅得發紫，他並不高興排練，因為這耽誤了他打高爾夫球的時間。他只與查理進行了兩次排練，因為查理念臺詞很慢，他甚至懷疑這個小夥子是否能夠勝任這一角色。

而查理卻心中有數，他暗中去觀看《足球賽》，看他要扮演的那個角色的表演。這個人看起來笨頭笨腦，查理知道自己一定會比他強很多。雖然這是一齣笑鬧劇，但每一次都要等到韋爾登出場，才會聽見笑聲，其他的都是為他的出場所作的鋪墊而已。

而查理的演出改變了這一局面。演出的當天晚上，他不慌不忙地按自己的設計進行表演，他背對著觀眾一步步走到臺子中間。他打扮得衣冠楚楚：禮服、禮帽、手杖一應俱全。而當他一轉身時，臉上卻露出了那個意想不到的紅鼻子，觀眾因為驚喜發出了笑聲。

這個笑聲讓查理放下心來。隨即，他使出了自己設計的高招：聳聳肩，彈了一下手指，在啞鈴上絆了個跟頭，手杖又下意識地揮上去。結果人剛站好，手杖揮在一個吊球上，這球又反彈到他臉上，打得他搖搖晃晃。他還沒等站穩，手杖又揚起來，從側面給了他一下。觀眾們哄堂大笑。

他又大搖大擺地走著，褲子開始往下褪，發覺自己的一顆鈕子丟了，便開始四處尋找。他假意拾起一件東西，接著就氣呼呼地把它扔了，嘴裡還說：

「這些該死的兔子！」

臺下又是一陣笑聲。

這很好的鋪墊為韋爾登的出場暖了場。此時韋爾登走了出來，查理又激動地摟著他，悄聲細氣地說：

「糟糕，快給我一根別針扣住褲子。」

這些新創意取得了良好的演出效果。當天晚上演出結束後，所有人都與查理握手祝賀。

那一天夜裡，卓別林步行回家。當走到西敏橋上時，他倚著橋欄杆，俯看黑暗中閃閃發亮的河水，快樂得想哭，但他卻沒有流淚。

這時，雪梨正在外省演出，母親又再次入院，他沒有訴述的對象，一路上走走停停，到咖啡館喝了兩次茶。直到清晨五點，他才筋疲力盡地回家睡覺。

(三) 新嘗試

（四）卡爾諾默劇團

卡諾先生並沒有看到卓別林第一天的表演，直到演出的第三天晚上，他才到現場。當卓別林一出場，觀眾就報以掌聲，這讓卡諾先生滿意極了。第二天，他就滿臉堆笑地與卓別林簽訂了合約。

《足球賽》在倫敦連演了十四個星期，隨後去各地巡迴演出。主角韋爾登扮演的喜劇角色屬痴呆型逗趣，他的演出具有明顯的地域性特色，那種說話遲鈍的蘭開夏郡傻子在北部挺受歡迎，但南部的觀眾並不買單；而卓別林的逗笑方式卻打破了地域的界限。

因此，在南部的布里斯托爾、卡地夫、普利茅斯和南安普敦等地表演時，觀眾們的冷淡態度讓韋爾登的脾氣越來越暴躁，甚至把脾氣無端地發洩到卓別林的身上。

劇情設置中有假打的部分，術語叫做「打盹」，就是一人假裝打另一人的臉，其實只是在幕後面拍一下巴掌而已。可是，有幾次韋爾登竟然真的打卓別林的嘴巴，而且打得還很重。尤其到劇評家嚴厲地批評韋爾登而讚揚卓別林的演技後，韋爾登居然假借表演在臺上狠狠地揍了卓別林。卓別林痛得鼻子流血，非常生氣。他嚴厲

（四）卡爾諾默劇團

地警告韋爾登：如果韋爾登再這樣做，他就要抄起臺上的那個啞鈴，砸出他的腦漿來。至此，這件事才告一個段落。

雪梨回到倫敦後，有了錢的兄弟倆在布里克斯頓路租了一套房間，並且花四十鎊買了新的家具陳設，讓母親盡量過得舒適一些。

在卡爾諾默劇團的這些日子裡，卓別林刻苦訓練，天賦加之個人的努力，他已經把戲劇、雜技、戲法、歌舞、插科打諢、令人發笑或使人流淚憂鬱的笑等，自然巧妙地融合為一體，初步形成了卓別林所獨有的別緻、清新的演出風格，使他年紀輕輕便成為卡爾諾默劇團的主角之一，在丑角這一行中出類拔萃。

事業的順風順水，讓這個過早成名的年輕人開始空虛起來，青春期的多愁善感讓他變得無比憂鬱。他常常對自己和別人感到不滿，經常有一些說不清道不明的小憂愁。正在他被情思所困時，他遇到了海蒂．凱麗，一個美麗可愛的女孩。

海蒂．凱麗是「伯克-庫茨美國姑娘」歌舞團的成員，卓別林與她是在一次排演中相識的，並且約定了見面，吃過幾次飯，手挽著手散過幾次步。這樣的日子甜

美而憂傷，正如短暫的青春一樣，兩個年輕人的愛戀也轉瞬即逝。分手雖然是憂愁的，但是，忘卻也是青春的另一種特質。

一九〇九年春天，法國巴黎的「女神」劇場邀請卡爾諾默劇團演出，卓別林隨團第一次出國。那一片神祕的大陸很早以前就深深地吸引著他。他曾聽叔叔說過：卓別林家族是法國一位將軍的後裔。

在繁華的巴黎，他見到了無數的社會名流，甚至大名鼎鼎的德國作曲家、印象主義派音樂創始人德彪西也約見了他。他認為卓別林「是一位天生的音樂家和舞蹈家」，「是一位真正的藝術家」。但此時的卓別林卻並不知道這位音樂家的大名，他只對陪這位音樂家前來的女舞蹈家感興趣。

第五章　隻身前往美國

不要害怕對抗，即使當兩個星球相撞時，也會在混亂中誕生出一顆星星。

——卓別林

(一)嶄露頭角

巴黎的巡演一結束，卓別林又回到了倫敦，一個機會和一個厄運先後到來。

由於卓別林的出色演出，卡諾先生決定讓他在《足球賽》的第二輪演出中出演男主角。雖然此前卓別林也出演過其他短劇的主角，但《足球賽》可是劇團的招牌劇目，還要在倫敦第一流的遊藝場進行表演，機智的卓別林立即意識到這是個一舉成名的好機會。

隨後，卓別林便加緊練習，並為自己的角色設定了適合的口音，還想了許多逗趣的噱頭。但就在這時，一個意外出現了。就在排演的當天，他患上了喉炎，而且非常嚴重。到演出的首日，他聲嘶力竭地喊叫，觀眾們還是聽不到他在說些什麼。這樣的演出自然是的失敗。不出一週，卓別林的角色就被替換了，他也陷入了越來越嚴重的感冒之中。

一個月後，卓別林的身體才痊癒，嗓子也能應用自如了，而卡諾先生又派卓別林演出他的拿手好戲《不吭聲的鳥》。但這卓別林依然深受打擊，他甚至心裡想：

自己可能是不配代替韋爾登的吧！而且，在福雷斯特遊藝場的那一次出醜也讓他不曾忘懷。

因此，這一階段卓別林的自信心始終不曾恢復。恰逢與卡諾先生的合約期滿，他又到了能開口加薪的關鍵時期，這些都讓他煩悶不已。雖然信心有些不足，但他仍然提出了將薪水加到六鎊的要求。

喜劇演員出身的卡諾先生雖然明知道卓別林的才華不止這個價，但身為老闆他不可能不壓價。在故技重施不能奏效的時候，他只得同意了卓別林要求六鎊薪水的要求。

卓別林知道卡爾諾默劇團有個事務部在美國，他見過自己父母事業的跌宕起伏，而且，自己剛剛患過喉炎，他不甘心老在英國演一個丑角。一旦失敗，除了幹一些粗活外，沒有什麼機會去做別的事。因此，他更加急迫地需要換個環境去開創一番。此時，他十分嚮往越過大西洋，到那個新興的國家去看看，而機會也適時地降臨了。

這時，卓別林正在忙於演出新短劇《溜冰》，卡爾諾默劇團美國分部的經理李維斯回到英國。他想物色一個喜劇演員，帶去美國演出。

卓別林的演出讓他十分欣賞，他向卡諾先生提出要這個人。經過一些變故和妥協，一九〇九年九月，二十歲的卓別林隨卡爾諾默劇團前往美國紐約演出他們的新戲《銀猿》。

(二) 文化差異

一九〇九年的美國生機盎然，給了卓別林這個年輕的小夥子以新的衝擊。與古都倫敦相比，這個新興的國家充滿了開創的活力：快節奏的生活、爭強鬥勝的廣告、高大的摩天大樓、絢爛悅目的燈光……這裡正適合這個富有冒險精神和美好憧憬的年輕人闖蕩。

百老匯大街的繁華顯示出了演藝事業的昌盛：開電梯門的小工、小酒館的廚師、電車上的司機、送牛奶的工人……幾乎所有人都在談論著演員的表演。他們說得頭頭是道，似乎他們才是戲院的主人與老闆。報紙、雜誌上每天都充斥著演藝界的奇聞軼事，如同賽馬比賽一樣，戲劇和輕歌舞劇按其在觀眾和專家中受歡迎的程度，被報紙編排成一二三名。卡爾諾默劇團早已名聲在外，因此剛到美國就被排到了報紙上的頭一名。

（二）文化差異

卓別林與美國分部經理李維斯一致認為：他們的劇目中有許多好劇，如《英國遊藝場之夜》、《溜冰》、《漂亮竊賊》等，而《銀猿》沉悶荒唐的情節可能不會賣座。但卡諾先生堅持要上它，他認為這齣戲「很合美國人的胃口」。

儘管不同意老闆的意見，但身為主演的卓別林也只能盡好自己的本分。他使出渾身解數，賣力地表演，但首演並不成功。這些喜劇因素可能在英國觀眾看來十分逗笑，但美國觀眾具有不同的欣賞眼光。

面對沉默搖頭的觀眾，卡爾諾默劇團的人感到很難堪。雖然按照預定連續演完了六個星期的戲，但其他戲班和一些慕名前來觀看的美國演員都非常失望，他們都像躲避害蟲一樣躲著卡爾諾默劇團的人。

卓別林也失望極了。在失望之餘，他更加渴求知識，因此一口氣買下了《英文文法》、《修辭學》和《拉丁英文字典》等書籍。在對劇本的一片惡評聲中，卓別林又成為一個異類，紐約《劇藝報》甚至評價說：

「那個劇團裡至少還有一個很能逗笑的英國人，總有一天，他會讓美國人對他傾倒的。」

《銀猿》是一部典型的英式喜劇，因此當他們換了劇院，到一個赴美英國人集中的街區演出時，又一次聽到了久違的笑聲和掌聲。一個戲院經紀人也看了演出，並邀他們到美國中西部巡迴演出二十周。

卓別林一行人一路演出，經過了溫尼伯、西雅圖、亞特蘭大等城市，也看到了很多英國人移民到這些城市。卓別林尤其喜歡舊金山，雖然這座城市剛剛經歷過一場大地震，但新的劇場、新的高樓讓它充滿了活力。卓別林甚至覺得，那裡的觀眾都是相當寬容的：儘管《銀猿》那麼沉悶，他們依然充滿熱情、笑聲不斷。

二十周的演出結束了，卡爾諾默劇團來到紐約後想取道回英國。此時，一個劇院老闆威廉·莫里斯先生正在與幾個輕歌舞劇團搶生意，他又邀請卡爾諾默劇團在位於紐約第四十二街的戲院裡演出六個星期。卡爾諾默劇團的所有經典劇目都被排了上去，而且這次還選中了卓別林很看好的《英國遊藝場之夜》為主打戲。

無疑，這六個星期的演出是相當成功的。這時，一個叫塞納特的年輕人和他的友人散步時進入音樂廳，看了《英國遊藝場之夜》，他很欣賞卓別林在劇中所扮演的醉鬼。他對朋友說：

「如果我有一天當了老闆，我就邀請那個角色來演戲。」

兩年以後，他真的如願當了老闆，成為好萊塢基石電影公司的創辦人。

(三) 契機

演出結束後，卓別林一行返回英國。此時，二十五歲的雪梨已經結婚成家。他們把母親轉入一家有名的私人醫院，這讓卓別林感覺異常孤獨。在度過了二十一歲生日之後，他更加強烈地想要謀求新的發展之路。

一九一三年，卡爾諾默劇團再次應邀赴美演出。在各地巡迴演出時，卓別林深知自己讀書少，所以生怕被人瞧不起。他一如既往地買來各式各樣的書籍閱讀，也

逐漸認識了書籍作者的偉大之處：馬克．吐溫、惠特曼、霍桑、歐文、愛默生、洛克伍德、叔本華等等。隨著閱讀的深入，他的想法也發生了改變。他拚命地汲取知識，並且將這些知識深入到自己表演當中去。但每週七天、每天三場的輪迴演出讓他疲倦和洩氣，他越來越厭倦這種輪迴上演的低級輕歌舞劇。雖然能稍微多賺些錢，但這與他的理想實在相去甚遠。

終於，有一天，卓別林在從自己的宿舍百般無聊走回劇團時，卡爾諾默劇團美國分部經理李維斯先生遞給他一份來自紐約的電報：

「我不知道，這會不會是拍給你的。」

電文寫的是：

你戲團內有無卓服英或與此姓相似之人？如有，請其與百老匯大街隆加克大廈二十四號凱塞爾與鮑曼事務所聯繫。

戲團裡並沒有「卓服英」這個姓的人，李維斯先生推測，這也許指的就是卓別林。

（三）契機

拿到這封電報，卓別林激動極了。他甚至想起有一位闊綽的伯母在美國居住，是不是跟戲劇裡的情節一樣，她故去了，留給了自己一大筆遺產？

於是，他急忙回電糾正說：

戲班裡有一位卓別林，也許是他們所要找的人。

紐約那邊的電文回覆是：

可否請卓別林速來我事務所？

第二天一早，卓別林便懷著十分激動的心情搭上了前往紐約的早班車。行車的兩個小時中，他不斷幻想著自己坐在一間律師事務所裡，聽人家宣讀遺囑的情形。

到了那裡後，實際情形與卓別林設想的迥然不同。「凱塞爾與鮑曼」並不是什麼律師事務所，而是一家電影製片公司。但是，這個事實卻更加鼓舞人心。此時卓別林還不知道，他在正向著他將要從事一生的事業邁進。

查爾斯·凱塞爾是基石電影公司的股東之一。在得知卓別林就是曾在第四十二街美國音樂廳演過那個醉鬼的演員後，他告訴卓別林說，他們想邀他代替一個叫福特林的演員拍攝電影。這可是卓別林從來都沒有設想過的結果。拍電影？這對他來說還是個新奇有趣的玩意兒呢！

自從一八九一年，美國發明家愛迪生發明了一種「活動西洋鏡」之後，攝影機便誕生了。一八九五年，法國的盧米埃爾兄弟製造了放映機，他們還在巴黎卡普辛大街十四號的沙龍裡播放了一些短片。當人們看到一列火車由小到大、噴吐著濃煙迎面馳來的時候，他們驚恐萬分。

從這一天開始，電影這個新興事物便正式誕生了。

而這個問世不到十年光景的新藝術，當時卓別林並不太看好。因為他看過基石的滑稽影片，那水準不能與已經成熟的富有戲劇性的舞臺表演相比擬。但他認為這是一個新的機會，所以他想嘗試一年，換換新的環境，這樣他再回去演戲劇時就可以成為國際名角了。

凱塞爾承諾卓別林共拍三部電影。在一番討價還價之後，雙方約定簽訂一年的合約，薪水前三個月為每週一百五十美元，其餘的九個月為每週一百七十五美元。

在與卡爾諾默劇團合約期滿，戲班返回了英國後，卓別林便留在了美國，開始了他一生摯愛的事業。

（三）契機

第六章　初涉影壇

你有所求，才能有所得。如果這個世界與我難以相處，那就必須改變這個世界。

——卓別林

（一）拍電影

洛杉磯被稱為天使之城，那裡位於美國西海岸，陽光普照、溫暖宜人，背山面海的地理環境，舒適宜人的氣候條件使得這裡的景緻風光自然天成，吸引著眾多的電影導演和製片廠。這裡是絕佳的天然拍攝場，他們不用設計佈景就能直接拍攝影片。

許多製片廠剛剛從紐約遷居到那裡，因而，當充滿抱負的卓別林來到位於洛杉磯郊區的基石電影公司時，他簡直被嚇了一跳：製片廠坐落在一堆木材和被拋棄的廢銅爛鐵旁邊，占地雖然不小，但房子卻是破破爛爛的。他甚至有點不相信自己手裡的地址，在外頭晃了兩天都沒有進去。直到第三天，負責人麥克森·納特打來了電話，卓別林才帶著膽子走進了製片廠裡面。

與外頭相比，製片廠裡的情景好多了：柔和的光線均勻地布在整個場地上。日光從寬闊的白色亞麻布上折射下來，幾組演員就在這樣柔和的光線下趕拍電影。

納特先生熱情地招呼卓別林，還給介紹了幾位演員他。自我介紹之後，卓別林便將目光移到了拍攝上：

在一個場地上，瑪蓓爾正在乒乒乓乓地捶門，一面還叫喊著：

「讓我進來呀！」

接著，攝影機停下了，一場戲拍完了。

「原來影片是這樣零碎般進行拍攝的。」卓別林恍然大悟。

卓別林要去接替的是一位叫福特．斯特林的演員，他要脫離基石公司，與環球公司合作。來的第一天，卓別林便看出他非常受歡迎，所有的人都圍著這位演員看，對他熱情地微笑。

納特先生將卓別林拉到一旁，向他解釋電影的拍攝手法：

「我們沒電影劇本——想到了什麼笑料，就隨著故事的自然發展演下去，最後形成一個追趕打鬧的場面，這就是我們喜劇主要的結構。」

這個方法對於擅長舞臺劇表演的卓別林來說顯然是小菜一碟，但對喜劇的深刻理解使他明白這只是表面膚淺的笑料而已。他個人並不贊成這樣追趕打鬧的鬧劇方式，因為這會埋沒演員的個性。雖然他對電影這一行知之甚少，但是，多年的演藝生涯讓他深知：沒有任何東西比個性更為重要。

他把這些意見放在心裡，決心自己親自拍攝時再加以糾正。就這樣，卓別林跟著納特先生走過各個場地，看每個團隊的拍攝方法。經過幾天的觀察，他發現了一個尷尬的問題：似乎所有的團隊都在模仿福特·斯特林的方式。雖然福特的話很好笑，但一拍成默片就沒那麼可笑了。而且，自己與福特的表演風格也不同，他想嘗試一下自己的表演風格。但納特先生並不著急，讓他再觀察幾天。

在跟納特和他的朋友吃飯時，有個所謂的文學家居然當面問納特：

「這個英國佬開始拍片了嗎？」

這讓卓別林心裡很不舒服。

（二）搞笑成功

機會終於來了，那天，納特出去拍外景，瑪蓓爾和福特·斯特林的團隊也都跟著去了，電影製片廠裡沒剩下幾個人。

僅次於納特的基石總導演亨利．萊爾曼先生準備拍一部新電影，要卓別林在裡面扮一個新聞記者。萊爾曼在這裡德高望重，而且還導演了幾部機械性的喜劇片很成功，因此，他不需要演員懂太多，只要按自己的要求做就可以了。

但急於表現的卓別林並不知道這一點兒，他看到要開拍了，導演還在想笑料，就熱心出點子給導演。實拍的時候，他也使出了渾身解數，加進了很多俏皮的噱頭。

電影順利完成，但當卓別林看到成品時，卻吃了一驚：所有他自己設計的搞笑的地方都被剪接掉了。

卓別林對此感到困惑不解。直到幾年後，卓別林也當了導演，亨利．萊爾曼才告訴他：

「對於一個新人來說，你懂得實在是太多了。」

第二天，納特拍完外景回來了。他需要一個笑料，就轉身對卓別林說：

「你就扮上一個丑角吧，什麼樣子的都行。」

卓別林隨即去化妝間準備，他穿了一條肥褲子和一雙大皮鞋，戴了一頂圓禮帽，又拿了一根手杖。他想：要每一件東西看上去都顯得不合適：褲子是鼓鼓囊囊的，上衣是緊緊的，禮帽剛好能扣住頭，鞋子是最大碼的。至於年齡，要老一點兒，所以他又貼了一撮小鬍子。準備妥當後，他就出場了。

他雙腿外撇著，大搖大擺地走到納特面前。他揮動手杖，聳聳肩，笑料和俏頭就在腦海中一個個地出現了。

納特是一個富有熱情的看客，他看了卓別林的裝束後，咯咯地笑個不停，這給了卓別林更大的勇氣，他開始解釋這個人物的個性：

「你瞧，這個傢伙的個性是多方面的：他是一個流浪漢，一個紳士，一個詩人，一個夢想者；他感到孤單，永遠想過浪漫的生活，做冒險的事情；他指望你會把他當作是一個科學家，一個音樂家，一個公爵，一個玩馬球的。然而，他只會拾拾香菸頭，或搶孩子的糖果。當然，如果看準了機會，他也會對著太太小姐的屁股踢上一腳——但只有在非常憤怒的時候他才會那樣！」

演了十幾分鐘之後，納特止住了笑聲，說：

「很好，這就上場吧，看你在場地上能玩點兒什麼出來。」

卓別林在攝影機前盡情地俏皮，將腦海中的噱頭一個個地表演出來，在場的所有人都笑開了，就連在另一個場地拍攝的福特．斯特林也勾過了別人的肩頭向這邊看過來。

影片很快拍好了，納特先生也採納了卓別林的建議，打破了當時的慣例，讓那個鏡頭映足七十五英呎。這一次的扮相也讓卓別林受到這個人物的感染，並下定決心，此後不管再演什麼戲，都要穿上這身衣服。

(三) 學習電影技巧

卓別林雖然得到了納特先生的認可，但別的導演並不買單，尤其是萊爾曼。因為納特對卓別林的器重，萊爾曼並不與卓別林發生正面衝突，而都自己離開了這間公司，去參與斯特林的團隊，這最後的兩週拍攝只是為了酬謝納特。

因此，儘管卓別林依然提他的意見，萊爾曼也照樣笑嘻嘻地聽著，但一條也不採納，或者任其表演，到最後成片時都剪得光光的。

卓別林很生氣，他對萊爾曼說：

（三）學習電影技巧

「幽默總是幽默，不分場合，無論是在劇院還是在電影裡。」

但是，這個導演只是不置可否地笑笑，另一個導演也是如此，要麼就推託說：

「我們沒有時間，我們沒有時間。」

接下來就不讓卓別林做更細膩的動作了。

可是卓別林只想把電影拍好，他生氣地對導演說：

「我不想單單是被你們追來趕去，最後從電車上摔下來，我不能就這個樣子每週拿一百五十美元。」

但是，演員並沒有話語權，別人也不會站在這個新來的英國喜劇演員一邊。

這讓卓別林意識到：他必須自己做導演才能擺脫這個局面。於是，他開始努力地學習和鑽研，一有機會就去學製片藝術，在洗印間和剪接室裡跑出跑進，學習如何剪接電影。

他在觀看了那部由自己參演的納特先生的電影《威尼斯兒童賽車》之後，發現觀眾對他的逗笑的認可，更加堅定了自己能獨立創作的信心。

這期間，他先後拍了大約五部影片，儘管很多鏡頭都在剪接室裡被無情地刪剪了，但在瞭解了剪接技術之後，卓別林開始把逗笑的動作和俏頭的噱頭安排在出場和進場的時候，這些東西是很難全部剪掉的。這樣，儘管受到了壓制，憑著自己的聰明和機智，卓別林仍然在最初參演的五部電影中留下了卓氏風格的鏡頭。

卓別林一心想自編自導自己的喜劇片，並與納特談過這個計劃。但其他導演對卓別林的投訴已讓納特不勝其煩，他對卓別林說：

「只要能照著我們的話去做，我們就心滿意足了。」

他還叫卓別林去聽從新導演瑪蓓爾的指揮。瑪蓓爾長相甜美可愛，但她十分欠缺經驗。在拍攝的第一天，爭吵就不可避免地發生了。

這是在洛杉磯郊區拍攝的外景，有一個鏡頭是瑪蓓爾要卓別林拿著水管在公路上澆水，壞人的車在路面上滑了過去。

卓別林覺得這樣演簡直平淡極了，因此建議自己先站在水管上，水放不出來，然後他俯身向筒口看，但不自覺地腳離開了皮帶，水就直噴射到了自己臉上。

（三）學習電影技巧

這個鏡頭被後世的很多導演借鑑，但是，當時這個十分好笑的提議卻被這位年輕的小姐無情地打斷了：

「我們沒時間啦！我們沒時間啦！照著我的話演吧。」

這句話讓卓別林十分生氣，尤其是出自這位乖巧可愛的姑娘之口。他氣憤地說：

「對不起，瑙爾芒小姐，我不能照著你的話做。我不相信你有資格指導我。」

對藝術的執著追求讓卓別林實在無法容忍了，他坐在人行道邊不肯繼續演下去。

瑪蓓爾不曾料到會有這樣的結果，她一時間束手無策，派副導演過去詢問。卓別林義正言辭地說：

「對不起，我根本看不出這麼演有多麼有趣。但是，如果你允許我在笑料方面出一點兒主意的話……」

作為導演，瑪蓓爾不允許演員忤逆她的意思，拍攝就這樣不歡而散。

到卓別林卸妝時，納特衝進了化裝室，憤怒地質問他：

「這到底是怎麼一回事？你為什麼要這樣？」

卓別林仍然堅持自己的原則，認為影片缺少笑料，並說：

「我來這兒以前，同樣是混飯吃，如果你要辭我的工，那麼就請辭吧。但是，我是工作認真的，我和你同樣心急，想要拍一部好影片。」

納特氣急敗壞地走了，沒再說一句話。

卓別林料到了自己的命運，沒有一個演員敢這樣公開與導演抗衡，他等著解約的通知，並且安慰自己說：

「我的荷包裡已經有了一千五百美元，除去回英國的路費，還有多餘的哩。」

儘管他已經開始喜歡上了這項事業，但是，他仍然不得不矛盾而神傷地選擇離開。

（四）電影大賣

第二天，卓別林來到了製片廠，照例是早晨八點鐘有一次排演，他沒有去化裝，只是坐在那裡等待，想著必然會等來的解約通知。

出乎意料，快到八點的時候，納特向門裡探進頭來，溫和地說：

「查理，我有幾句話要和你談一談，咱們到瑪蓓爾的化裝室裡去吧。」

卓別林有些不敢相信，就在昨天晚上還對他大發雷霆的納特先生居然跟他道歉，並且說瑪蓓爾小姐缺乏經驗，希望他能寬宏大量，勉為其難地繼續與她合作下去。

這樣的態度讓卓別林始料未及，他立即表達了自己的意見：

「作為導演，她的確太年輕了點。如果你讓我自己導演，你就不會再有這些麻煩了。」

卓別林還許諾說，如果拍出來的電影不能上映，自己獲得的一千五百美元報酬全部還給公司。

「你有電影故事嗎？」納特問卓別林。

「當然有，要多少就有多少。」卓別林自信滿滿地說。

「那好吧。」納特說，「和瑪蓓爾拍完了這部影片，我另作安排吧。」

就這樣，納特答應了卓別林的要求。

這次與瑪蓓爾的拍片十分順利，她甚至跑來向卓別林討論。事情的大逆轉讓所有人都驚訝不已，卓別林也大惑不解，似乎好運一下子又降臨了。

直到幾個月之後，他才明白事情的原委：在當天，納特已經打定主意在那個星期結束時解僱卓別林，但就在第二天早晨，納特收到了紐約辦事處發來的電報，催他趕快多拍幾部卓別林的影片，因為卓別林的影片在紐約賣得太好了。

基石電影公司發行的影片平均能賣出二十個拷貝。如果是印到三十個拷貝，在當時已經是相當成功的了。而卓別林主演的第四部影片，已經複製到了四十五個拷貝，而且要求添加的訂貨單還在增加。這個商機讓納特不得不對卓別林變得和氣起來了。

（四）電影大賣

雖然卓別林信誓旦旦地要做導演，但在剛導演第一部影片時，他並不那麼有把握，甚至還有點心慌。這部電影名叫《遇雨》，並不是一部轟動全國的影片，但它的確很搞笑，而且也很能賣座。

納特從試片房裡出來時問卓別林：

「怎麼，你準備開始拍下一部了嗎？」

這句話讓卓別林自信滿滿。從那以後，卓別林每拍好一部影片，都會得到二十五美元的額外的津貼。他和納特的關係也變得越來越好，卓別林還出了不少新奇的點子給納特。

漸漸地，基石電影公司逐漸有了名氣。當片頭再出現公司的名稱時，觀眾就會發出騷動和興奮的聲響。而卓別林還沒開始表演，一看到他的身影，觀眾就已經開始笑了。這讓卓別林十分得意。他甚至想：

「如果能夠這樣生活一輩子，我也可以心滿意足了。」

此時，他的收入是每星期兩百美元。

第七章　簽約新東家

時光是一個巨大的作者，它會給每個人寫出完善的終局來。

——卓別林

（一）成名的開始

擁有了創作自由的卓別林盡情地發揮著自己的想像力和創造力。他勤奮工作，不斷地鑽研演技、導演技巧、攝影藝術、剪接風格等，並向積極同行學習，也將自己的舞臺藝術毫無保留地傳授給他們。

早期的電影首先是摹擬戲劇表演，因此懂得啞劇表演手法的卓別林占據了天然的優勢，他利用這一優勢不斷地發掘新的笑點。舞臺表演具有墨守成規的特性，一旦情節設置完畢，發揮的餘地就很小了，每天還要不斷地重複演出。而早期電影的即興創作方式則激發了卓別林的創作熱情和靈感，他十分喜愛這種冒險的感覺和神奇而美妙的滋味。

在拍攝《他的史前生活》時，卓別林扮演了一個夢中的史前人。史前人並沒有衣服，他就穿著一張熊皮，住在山洞裡。他想抽菸，就伸手從熊皮上扯下毛來，放到煙斗裡點燃，有滋有味地抽起來……

這種奇思妙想讓觀眾十分喜愛，同時也拓展了卓別林的思路。他認為：完全可以編出一系列史前人的故事來。

在拍《新看門人》時，有一場戲是老闆要開除卓別林扮演的流浪漢，流浪漢可憐兮兮地做出哀求手勢：表示他家裡有很多人，只有他能工作，如果老闆解僱了他，孩子們就沒飯吃了……

在旁邊觀看的老演員居然感動不已地哭了起來，卓別林有點吃驚地望著她。事後，她解釋說：

「我知道你是在逗觀眾樂，可我忍不住就要哭啊。」

這使卓別林再次確定自己能逗人笑，也能惹人哭，而笑中帶淚的喜劇基調也在卓別林心中出現了最初的雛形。

這時的卓別林才二十五歲，與同齡人相比，他的事業可謂一帆風順，正值鼎盛時期。工作也使得他有更多的機會結識那些青春美麗的女演員。很快，卓別林便墜入愛河，與一位俏麗可愛的名叫珀姬．碧爾絲的女孩相戀了。

經歷了一見鍾情、山盟海誓以及無數次浪漫的約會之後，他們卻和平地分手了。因為查理才二十五歲，他並不想過早地談婚論嫁，他覺得還沒有遇到那個和他心中的理想妻子相吻合的女子呢，雖然心中的那個形象還是模糊不清的。

拍電影仍然是卓別林生活的重心，而且他的佳作不斷，有時候甚至只用了一個下午就能拍攝完成一部短片：《二十分鐘的愛情》、《麵包和炸藥》、《牙醫師》、《舞臺工作人員》等，每部電影都很賣座。

成績越多，名氣也越大，卓別林甚至把哥哥雪梨也介紹給了納特。出於對卓別林的信任，納特與雪梨簽訂了為期一年的合約，週薪是兩百美元，比卓別林當年的報酬還要多。雪梨激動地告訴弟弟，他在倫敦名氣也很大，並且高興地說：

「瞧，我早知道你會一舉成名的。」

（二）跳槽

這一年，卓別林共拍了三十五部喜劇片，並且部部賣座。一九一五年的《紐約時報》甚至評論說：

「卓別林熱看來已經取代了畢克馥熱潮（瑪麗·畢克馥：默片女演員，美國早期電影明星）。」

雖然電影事業如日中天，但卓別林清楚，這樣未必能維持多久。依照他目前的拍片速度，很快他的點子就可能用光了。因此，在與納特先生合約期滿時，他開出了「每星期領一千美元」的高薪，這自然把納特嚇了一跳。

「可是，我還拿不到這個數目呢！」納特說。

「我知道，但是，如果貼出了你的名字，觀眾可不會像看到我的名字那樣排隊買票呀。」卓別林說。

「也許吧，但是，如果沒有公司的支持，你也會完蛋的。你倒看看福特．斯特林的下場吧。」卓別林知道福特在脫離了基石公司之後，混得也不大好。

但是，他仍然語氣堅決地說：

「我拍一部喜劇片，只需要一個公園，一個警察，一個漂亮姑娘。」

這也的確是事實。實際上，幾乎所有的笑料都集中在他一個人身上。納特沒辦法，只好拍電報與他的合夥人凱塞爾和鮑曼商量。商量的結果很折衷，本來卓別林還有四個月才滿期，他們取消原來的合約，從現在起每星期給卓別林五百美元，一年後加到七百美元，兩年後再加到一千五百美元，這樣就能達到卓別林每星期一千美元的要求了。

當卓別林不同意這一要求，他說：

「如果你們把這個順序顛倒一下，第一年是一千五百美元，第二年是七百美元，第三年是五百美元，那我就同意。」

這件事就這麼擱置下來了，納特決定採取拖延戰術，逼迫卓別林最後妥協。就在離合約還有一月期滿時，納特也不像往常那樣催促卓別林拍攝下一部新戲，見面時也是客氣而冷淡。

這讓卓別林很不好受，此時他並沒有獲得其他製片廠的邀請。他在心裡盤算著自己的出路，甚至產生了自己經營的想法。他記得自己曾簽過一張領料單，所以，如果自己拍攝影片所需要的設備也很簡單，自己的積蓄還能夠應付這些。

而且雪梨自從加入基石電影公司後，成績也不錯，還拍攝了好幾部賣座的影片，這樣，兄弟倆合作可以開辦一家新公司。

（二）跳槽

卓別林把這個新想法告訴了哥哥，但雪梨認為這件事太冒險。而且，目前能拿到這樣的高薪，他不願意輕易放棄。

卓別林只剩下一條路了，那就是耐心等待。這時，他接到了一個令他更加沮喪的電話：環球電影公司打算買他的影片，但卻並不想支付那一千美元的週薪。

不過，好消息很快就傳來了：一個名叫羅賓斯的年輕人代表埃塞尼電影公司來跟卓別林談話。他居然聽別人說「卓別林要在簽訂合約之前先分到一萬美元的紅利，週薪還要一千兩百五十美元」。

這個想法讓卓別林吃驚極了，他也覺得這個分紅利的辦法相當不錯。

第二天，卓別林就見到了埃塞尼電影公司的股東之一安德森先生。他答應了卓別林的所有要求，雖然次日早晨卓別林只拿到了一張六百美元的支票，但他仍然十分高興。而且安德森先生也一再熱情地應承那一萬美元的紅利一定會儘快支付，他許諾卓別林：

「等咱們到了芝加哥，這件事就會由我的合夥人斯普爾先生辦妥的。」

卓別林雖然心裡有些狐疑，但又不願意妄加揣測，所以索性樂觀面對，並且積極結束了為基石公司拍攝的最後一部影片《他的史前生活》。

（三）考驗

二十六歲的卓別林還不善於處理那種依依惜別的感覺，在完成了自己的最後一部影片剪接之後，他沒有和任何人告別，就悄悄地離開了基石公司。兩天以後，卓別林與自己的新老闆安德森先生啟程趕赴舊金山。

他們參觀了位於奈爾斯的一間小電影製片廠，這裡是專門拍攝安德森的牛仔比利西部電影的。製片廠慘不忍睹的景象讓卓別林十分洩氣，但年長他十多歲的安德森安慰他說：

「芝加哥的製片廠會讓你十分滿意的。」

隨後，卓別林一行抵達了芝加哥。雖然見到了電影製片廠經理，但斯普爾先生仍然沒有露面。製片廠經理說：

「斯普爾先生有事到外地去了，要等到年假以後才會回來。」

卓別林並不十分在意，反正新年過後才能開展工作，他與安德森一家共度了新年。

新年過後，安德森就奔赴加州了，啟程前他仍然用滿不在乎地口吻寬慰卓別林說：

「不用擔心，這件事會辦妥的。」

第二天，卓別林到了製片廠，仍然沒有見到斯普爾先生的身影。急於工作的卓別林不能再等了，他馬上召集了自己的新團隊，並自編自導了一部新片《他的新行業》。他相信，新片出來之後，所有的問題都會迎刃而解的。

然而，卓別林工作了兩週，眼看新片就要拍完了，仍然不見這個新老闆的身影，這讓他對這個人十分瞧不起。他還感覺出這家公司的墨守陳規和沾沾自喜，他們依仗自己是美國最早拍電影的製片廠，是電影專利公司的發起者之一，享有專利權而自滿，殊不知其他的公司已經在創新上遠遠領先了。

（三）考驗

幾天之後，卓別林的新電影剛一拍完，斯普爾就露面了。卓別林毫不客氣地與他談到了自己的薪水和紅利。斯普爾連聲賠禮道歉，並把責任推到了辦事人員身上。直爽的卓別林直言問道：

「你害怕些什麼呢？如果不高興的話，你現在仍舊可以取消你的合約嘛——實際上，我認為你們已經撕毀了合約。」

斯普爾又是不停地道歉，當然，之前談的一千美元週薪和一萬美元紅利他都照常支付給卓別林了。

幾年以後，卓別林才從斯普爾口中得知事情的原委：斯普爾以前並不曾聽過卓別林的大名。當他得知安德森與卓別林簽訂了為期一年的合約，薪水定為每星期一千兩百元，還要分給卓別林一萬元的紅利時，他問安德森他是不是瘋了，並一走了之，將卓別林晾在了一邊。

然而當他再次回到芝加哥時，得知他簽了卓別林的朋友都紛紛前來道賀，很多新聞媒體還跑到製片廠要求採訪卓別林。

這讓他十分吃驚，他想試試卓別林的名聲，就給了侍者兩角五分錢，讓他在飯店裡說一聲：

「查理·卓別林先生有人找。」

就這樣簡單的一句話，幾乎所有人都東張西望地尋找卓別林的身影。

斯普爾還從影片交易所裡得知，卓別林正在開拍新片，已經預售了六十五個拷貝，這在埃塞尼電影公司更是史無前例的。電影剛剛拍完，公司已經售出了一百三十五個拷貝，訂單還在不斷地湧進來。斯普爾完全明白了自己的過失，他趕緊前往製片廠找卓別林道歉，並支付了之前答應給卓別林的薪水和紅利。

(四) 轉型

相比斯普爾的唯利是圖，卓別林更喜歡安德森的為人。不過，這裡的環境讓他感到很不喜歡，於是《他的新行業》一拍好，他就到奈爾斯去工作了。

明白了卓別林的巨大價值後，公司專為他在洛杉磯租建了一個製片廠，藝術方面的問題全歸卓別林掌管，影片仍由他自編自導，演員團隊任由他挑選。卓別林覺得，當務之急是尋找一個會演戲的女主角。這時，一個名叫埃德娜·珀薇安絲的女演員進入了他的視線。

埃德娜是舊金山一個企業家的祕書。初次見面，卓別林覺得她是一個安靜的姑娘，有著水潤的大眼睛，牙齒潔白而整齊，嘴唇小巧，長相不錯，但卻不知道她是否具有幽默感。如果作為一個電影中的花瓶角色她還是滿適合的，於是，卓別林就聘請了她。

電影開拍前的一個小插曲，讓卓別林發現了這個姑娘具有幽默感的一面，於是他開始細心地栽培她，他們也開始了長達九年的合作。

從一九一五年到一九二三年，埃德娜作為卓別林電影的女主角拍了《流浪者》、《從軍記》、《移民》、《一位女士》、《漫漫長夜》、《卡門的鬧劇》等二十多部影片，他們的真誠友誼也保持了一生。

卓別林在埃塞尼公司最初的兩部電影仍然沿襲之前的拍片風格，即以消遣娛樂、滑稽搞笑為主，但隨後的幾部電影逐漸出現了濃濃的人性關懷和社會性。

《流浪漢》中，遭受失業打擊的夏爾洛，悶悶不樂地把身上僅有的一美分買了一點香腸，與他的狗分著吃了……

《流浪漢》中，夏爾洛失業了，他救了一個姑娘。姑娘的父親是一個農場主，就僱用了他，但他對農活一竅不通，為此引出了一系列的笑話……他發現自己愛上了姑娘，但姑娘卻把自己的未婚夫介紹給了他。懷著失望，他重新走上了流浪之路……

卓別林在影片中首次提出了「失業者還不如擁有土地的農民」的說法，以及夏爾洛留給觀眾沿著泥路前行的可憐背影，使得影片具有了初步的象徵意義和社會情感。

卓別林的表演被越來越多的觀眾所喜愛，當時的報上還登載了一則廣告：「願出兩萬五千美元，請卓別林來紐約馬戲場登臺，每十五分鐘，為期兩週。此舉並不妨礙其正式工作。」

卓別林為之所動，但安德森並不同意，並且許諾卓別林：如果再拍一部長片的喜劇片，公司就償付他那兩萬五千美元。

第二天，卓別林就收到了那張安德森許諾給他的支票。

（四）轉型

模仿卓別林扮演的角色也成了當時的熱點，幾乎所有的百貨公司都出售夏洛爾形象的玩具，歌舞團的姑娘們也不怕難堪，貼上小鬍鬚，穿上肥大的褲子和皮鞋，唱著《那雙查理．卓別林的腳》的歌。

卓別林的名聲也帶來了巨大的商機，雪梨也看到了這一點，因此與基石公司的合約一滿，他就跑過來幫弟弟出謀劃策，並建議埃塞尼公司按上座率出售影片。

這一方法最後得到了採納，這樣一來，卓別林所拍的電影每一部為公司多賺了十萬美元。當然，卓別林也如願以償地以每拍一部影片另分一萬美元紅利作為額外的獎勵金。

一九一五年，簽約新東家以來，卓別林一共拍了十五部喜劇片。《公園裡》、《在海邊》、《卡門的鬧劇》、《流浪漢》、《賽拳》、《夏爾洛當水手》、《遊藝場之夜》等，都展示了卓氏喜劇的不凡魅力。

而與此同時，D．W．格里菲斯也因為拍好了卓別林的成名巨作《一個國家的誕生》，一躍成為一名傑出的電影導演。這部電影的情節和立意雖有偏頗之處，但技術層面上卻是意義非凡的。這部三個小時的電影改變了電影以短片為主的格局，擁有

完整的劇本內容和豐富的拍攝手段。電影的敘事也立體且具有美感，全景畫面，大特寫鏡頭的運用，為其他電影導演打開了新的創作思路，也被卓別林所借鑑和學習。

西方電影史學權威都認為：一九一四到一九一六年應該是美國電影的過渡時期。他們評論稱：

「在這段過渡時期裡，格里菲斯和卓別林令人驚奇地掌握了電影的藝術形式……透過格里菲斯和卓別林的作品，電影才開始具有一種語言和結構。」

第八章　百萬薪酬

一切藝術無不致力於生活這一最偉大的藝術。

——卓別林

（一）被粉絲包圍的感覺

一九一五年底，卓別林與埃塞尼電影公司的合約未到期，許多公司就提出優厚的條件邀其加盟。哥哥雪梨已經成為了卓別林的經紀人，全權負責這些事務。最後，雪梨就卓別林的簽約問題與當時最強大的獨立製片公司之一的互助電影公司達成了合作協議。

這時，卓別林準備赴紐約去看望哥哥，順便散散心，欣賞一下途經的風光。然而，途中熱烈歡迎他的人潮打亂了他的計劃。火車還沒駛進站，歡迎他的人群已經堵在了站口，並且對著車廂大喊大叫，正在刮臉的卓別林簡直被嚇壞了：

「我不能……瞧我這樣子。」

「沒關係，沒關係，查理，只要穿一件簡單的衣服就行了。走，這就去跟大家見見面吧。」

就這樣，卓別林在市長的陪同下走下車，向當地民眾致意。人們不斷地朝他湧去，向他表示友好。站臺上的警察只能組成圍欄阻擋那越來越密集的人群。

（一）被粉絲包圍的感覺

卓別林心想：

「這個世界已經瘋狂了。」

最後，他只得遵循警察局長的建議，從後門小路離開，以免引起騷亂。

毫無疑問，卓別林的名聲已經超出了他的想像。雖然這是他從小就夢寐以求的，但當這一天真正來臨時，他仍然有些始料未及。

終於見到了哥哥雪梨，他給卓別林帶來了一個好消息：互助電影公司答應簽訂兩年合約，卓別林需工作六十七周，每週報酬一萬美元，共六十七萬美元。合約簽署後，先付十五萬美元的紅利。這樣的報酬在當時的電影界簡直就是天文數字了。

簽署合約的當晚，《紐約時報》大廈樓頂螢幕上滾動著當天的新聞：

「卓別林先生與互助電影公司簽訂年薪六十七萬美元的合約。」

正在紐約街道上漫步的卓別林聽到了人們的唏噓和驚呼聲，他開始學著從容地面對這一切：擺正心態，接下來的工作依然艱巨。

一九一六年四月，一切準備就緒，卓別林的新團隊開始了新一輪的工作。二十七歲的他年輕力壯，事業有成。他懷著無比喜悅的心情迎接著每天的工作。

拍電影就是要迎合討好他的影片觀眾，這也是卓別林所擅長的。他並不太深究笑料與人物性格之間的內在聯繫，但一封影迷的來信卻給了卓別林當頭棒喝。

當《夏爾洛當救火員》上映的第二天，卓別林接到了一個素未謀面的影迷的忠告，意思說：以前觀眾是被他牽著鼻子走，最近是他被觀眾牽著鼻子走。

這位觀眾甚至坦言地對卓別林說：

「我很擔心您會變成觀眾的奴隸。……夏爾洛，觀眾是喜歡做奴隸的。」

這個意見使卓別林開始深思劇本的重要性，尤其是《一個國家的誕生》也給了他很大啟發：笑料必須是圍繞著情節和人物性格來展開，如果不符合上述兩點，再好笑的笑料也不能用。

流浪漢的這一形象也要更加深入和複雜化，不能一直圍繞衣食住行這些基本生活要求進行活動。此時，卓別林再一次像一個嚴謹的科學家那樣，認真地推敲他的故事構成，並以「人生是由矛盾和痛苦組成的」為基礎編織細節，然後進行篩選、肯定、否定、否定、否定之否定。

有時候沒有想法，他就乾脆停工一天，在化妝間內冥思苦想一番，沒準高招就在瞬間迸發。觀眾們只看到卓別林在螢幕上幽默逗趣、噱頭不斷，殊不知在螢幕下他為這個噱頭百般設計，冥思苦想了多久。

多才多藝的卓別林也在影片中充分展現出自己的才華：舞蹈、拳擊、打球、滑冰、小提琴、鋼琴、風琴、吉它、口琴等。那是他的舞臺，在舞臺上，他幾乎無所不能。

《巡視員》、《消防隊員》、《漂泊者》、《淩晨一點》、《伯爵》、《當鋪》、《幕後》、《溜冰場》等，卓別林都是根據自己的所見及所想拍出了這些優秀的精品。在互助電影公司的兩年間，他共創作了十二部兩本以上的喜劇片。

（二）夏爾洛

卓別林的拍攝和表演技巧在不斷的錘煉中日漸成熟。在《淩晨一點》中，他演起了獨角戲，扮演一個醉鬼，與家中的家具、擺設、裝飾品玩起了「對話」。作為一個紳士，他不允許他的家具不聽話，於是，一連串妙趣橫生的搞笑噱頭出現了……而

一個人在螢幕上就這樣演出了半個小時之久，觀眾居然樂在其中。可見，他的表演是多麼出色。

在拍《溜冰》時，卓別林還利用上了畫面技巧：夏爾洛混進了滑冰場，學會了溜冰，結果他得意忘形，居然轉著圈一路滑過去跌倒在人群中間。人群大亂，大家紛紛跌倒在冰面上，塞滿了整個鏡頭。而此時，流浪漢卻偷偷溜到滑冰場後面，變成背景上一個很小的影子，若無其事地看著別人摔倒……

在《當鋪》中，他又耍起了鏡頭的高招：夏爾洛是一家當鋪的小工，博得了老闆女兒的好感，這也讓其他店員嫉恨，一個顧客拿了個鬧鐘來修理，夏爾洛熱心地接下了這活。為了表現，他十分專注地幹了起來，觀眾只能看到他的小鬍子一聳一聳的，做得十分認真起勁兒……他的額上冒出汗珠，嘴唇咬得緊緊的，最後終於在緊張中完成了。顧客探著腦袋看，先是驚愕，繼而暴跳如雷……鏡頭一抬越過擋板，觀眾看到鬧鐘不見了，只有桌上七〇八散的一堆零件……

卓別林十分準確地引起觀眾的好奇，而不揭穿謎底，繼而鏡頭一轉，讓觀眾出其不意地捧腹大笑。

一九一七年初，卓別林又拍攝了《安樂街》。與這個影片的名字相反，這裡並不安樂。這也是他的一系列社會諷刺片的開端，卓別林的電影藝術風格就此發生了變化。

《安樂街》是當地窮人的聚集區，窮人們在破舊的房屋裡生活，不但衣食無著，還經常受到歹徒、惡棍的欺凌，而警察也無能為力。失業後的夏爾洛得到感化去應徵當警察，被派去安樂街執勤。他居然無所畏懼，無意中注射了嗎啡，力大無窮。他順利地制服了惡棍，並讓惡棍們捧著《聖經》去教堂做禮拜，安樂街也從此真正安樂起來……

卓別林在片中打上字幕——「愛情得有武力撐臺，寬恕帶來希望與安謐」。夏爾洛再不是那個只會搞笑逗趣的形象，他被卓別林賦予了越來越深刻的社會批判性質。

到一九一七年夏天，卓別林的視野更加開闊，他想到了《移民》這一題材。在該片中，他除了擔任主演、導演之外，還親自掌握攝影，每一個鏡頭都拍上十到三十次，從所拍攝的幾十個試拍的畫面中選出最好的剪接起來。為了這部影片，卓別林連續工作了一百多個小時，四個晚上都不休不眠，直到最後滿意地離開工作現場，才鬍子拉碴地回到了自己的旅館裡，倒頭睡下。

（二）夏爾洛

這部影片描述了第一次世界大戰爆發後的那股移民熱潮：渴望躲避戰亂的人們把美國想成了人間天堂，大批的外國移民湧向了這裡。在拍到船抵紐約港時，卓別林用了一個著名的象徵與對比的長鏡頭來豐富他的喜劇風格：在高高的自由女神像掠過之後，一大群牛被趕出輪船底層，一批移民也從統艙中湧出來，人與牛一起被趕上愛裡斯島。

影片的結尾是滿懷希望的，夏爾洛終於贏得了姑娘的芳心，他向姑娘求婚，抱著她跨過門檻，兩人共同面對新的生活。

卓別林選取了一支哀傷而親切的老歌曲《格倫迪太太》作為影片的配樂，渲染了兩個孤苦的人相依相靠的氣氛。

歷史感，社會批判性，強烈而充滿希望的結尾，在影片上映時，如卓別林所願，打動了不同種族和性別的觀眾。而他所創立的流浪漢形象，更是日益深入人心，就像卓別林自己所說的一樣：

「我不再以流浪漢去投其所好。他就是我自己，一個可笑的精靈，某種在我身體內部的東西，我必須把它表現出來。」

法國觀眾親切地將他飾演的流浪漢稱作「夏爾洛」（法語「流浪漢」）。從此，「夏爾洛」就成了那個頭戴圓頂禮帽、手持竹手杖、足登大皮靴、走路像鴨子的流浪漢的經典名字。

（三）成為富翁

一九一七年六月，當完成了為互助電影公司拍攝的最後一部電影《冒險者》後，卓別林的合約期滿了。

這天，卓別林正悠閒地在自己租住的洛杉磯市內體育俱樂部的頂樓休息時，一首優美的《霍夫曼的故事》正從他的琴弦劃過空蕩蕩的房間。他陶醉在自己如訴如泣的琴聲中，忘卻了所有的煩惱。

這時，雪梨走了進來，難掩興奮地對卓別林說：

「嗨，查理，我宣布：現在你已經是百萬富翁了。我剛剛同第一國家電影公司談了一筆交易，你替他們拍八部兩大本的喜劇片，報酬是一百二十萬美元。」

雪梨說到後來聲音都變調了，可卓別林並沒有停下來，一邊拉琴一邊聽，然後淡淡地回答說：

「嗯，這太好了。」

雪梨萬沒有料到弟弟會是這樣的反應，突然爆發出一陣大笑。查理事後承認，自己確實有點裝腔作勢，其實他的內心同哥哥一樣激動，他只是在用琴聲壓抑自己的那份激動的感情而已。

一九一七年，二十八歲的卓別林躋身百萬富翁之列。他也很清楚：以後的工作會更加馬不停蹄。於是，他僱傭了一個祕書、一個僕人和一個日籍司機，還買了一輛當時美國最華麗考究的「奇蹟」牌汽車。

卓別林此時已今非昔比了。以目前的身分地位，他結識了不少藝術家，這其中也不乏成為終身的好友，鋼琴家利奧波德．戈多夫斯基就是其中之一。每逢週日，卓別林都會去聽他彈琴，這讓他對音樂也更加著迷；俄羅斯芭蕾舞劇團的主角尼真斯基的舞蹈也一度吸引著卓別林的注意，他不止一次地體會到這位舞蹈家在用心靈舞蹈；他還結識了名演員道格拉斯．范朋克，他的熱情讓卓別林與他的友誼有增無減；著名的美國甜姐兒瑪麗．畢克馥也和他成為一生的摯友。

一九一七年的好萊塢星光璀璨，娛樂業發達，成為世界電影界最為注目的地方。這年十月，卓別林在好萊塢的正中心位置落日大道與拉佈雷亞街拐角處選中了一塊地皮，開始建造設備齊全的私人電影製片廠：攝影棚、底片沖印間、剪接室、景片製作間一應俱全。

一九一八年一月二十一日，卓別林的製片廠正式落成。這天，他興高采烈地穿上那雙舉世聞名的夏爾洛大皮鞋，在未乾的水泥地上踏下了一個大大腳印。這一天，他成為好萊塢第一個真正獨立製片的藝術家。

（三）成為富翁

第九章　獨立製片人

一個演員尤其要能克制自己，能保持一種內在的支配力。一場戲無論演得多麼激動，但演員內心的主宰應當是沉著而輕鬆的，是隨時都可以調整和指導自己情緒的起落的。

——卓別林

（一）蒙太奇的典型

一九一八年，卓別林共拍攝了四部電影，其中《狗的生涯》是在他的新製片廠攝製的第一部影片。這部影片的啟發來自漫長的第一次世界大戰，本來大家以為它很快就會結束，沒想到一打就是四年。廣大計程車兵和百姓都苦不堪言，千百萬人從戰壕中、工廠裡、田野裡發出了「我們是人不是狗」的反抗呼聲。

卓別林根據這句話開始創造。此片在一九一八年初開始拍攝，四月發行。一開始，卓別林就從結構的意義上來構思這樣一部喜劇片：

夏爾洛（卓別林飾）再一次失業，他來到了職業介紹所，門口站著幾個等工作的人。恰好剛有個新工作，工作人員便寫上去。夏爾洛看到了，趕緊衝進門去。門口的人發現他衝進去，也跟著進去了。為了工作，他和其他幾個來找工作的人打了起來。結果別人都找到了工作，只剩下夏爾洛孤零零地走出介紹所。不過，他從打架爭食的狗群中救出了一條可憐的小狗。

夏爾洛餓極了，就帶著小狗來到賣夾肉麵包的商人（哥哥雪梨飾）面前偷麵包吃，直到警察發現了才逃之夭夭。後來，他又遇到了受老闆欺負的賣唱女（埃德娜飾）。他們一起合力戰勝了老闆，還巧妙地從兩個竊賊那裡偷來一些錢。

最後，夏爾洛和賣場女一起帶著小狗來到鄉下，結婚安家，自食其力。當做完農事的夏爾洛回到溫馨的小屋時，妻子和他都幸福地看著搖籃（此時觀眾以為，搖籃裡一定會是他們愛情的結晶：孩子。結果鏡頭一轉），他那條狗剛生下了幾隻小狗崽。

這部電影放映後獲得了很高的評價，法國評論家路易·德呂克很喜歡這部影片，並稱它是電影界「第一部完整的藝術作品」。而最後的一組鏡頭也成為蒙太奇的經典範例，結局既出人意料，又在情理之中，暗示他們自己的孩子睡在搖籃中是遲早的事。

作為最早的電影技術探索者之一，卓別林的這部片影片中的這個鏡頭經常被各國電影教科書拿來作為蒙太奇的典型例子。

（一）蒙太奇的典型

「電影藝術的基礎就是蒙太奇」，這是電影藝術家普多夫金所說的話。「蒙太奇」源於法語，借用到電影藝術中指的是「組接」、「構成」的意思。它是電影反映生活與現實的獨特形象思維方法，也是電影的基本結構手段和敘述方式，包括分鏡頭和鏡頭、段落的安排與組合等全部藝術技巧，以及電影剪輯的具體技巧和技法等。在二十世紀上半葉，尤其是在三四十年代，電影形式的探索主要表現在對蒙太奇的探索上。

除了部電影中的這個鏡頭常被借鑑作為蒙太奇的典型例子，卓別林更早一些影片中的鏡頭、場面、段落等，也常被理論家、導演們奉作範本。比如在一九一五年四月發行的《流浪漢》中：

第一個鏡頭：在監獄大門外，一個獄卒走出來，在牆上貼了一張通緝令。

第二個鏡頭：一個瘦高個子的男人在河裡游完泳上岸，發現他的衣褲不翼而飛，放在原地竟是一套囚犯服。

第三個鏡頭：在一個火車站站臺上，小個子的流浪漢穿著一條過於長大的褲子迎面走來……

世界著名懸念電影大師希區考克認為，這三條底片就將故事的內容講得清清楚楚，這主要歸功於卓別林所具有的電影的形象化能力。

卓別林的電影和夏爾洛隨便發展的命運牽動著五湖四海觀眾的視線和心弦，數不清的信件飛到卓別林身邊，讓他應接不暇。除了讚美、要求簽名，求助借錢的也不少。對於那些與他的童年相仿的窮人、貧民，卓別林從不吝嗇，而是交待祕書妥善處理，盡量滿足他們。

(二) 反戰

在拍攝完《狗的生涯》之後，卓別林和搭檔埃德娜之前的感情發生了些許微妙的變化，兩個人在影片完成後還一起外出渡假。在與這位美麗的姑娘朝夕相處過程中，卓別林有些動情了。對此，埃德娜也感覺到了，但她很聰慧，她覺得他們兩人並不合適。卓別林是那麼受人矚目，這樣的關係是不會長久的。因此，她總是有意地躲避卓別林。

（二）反戰

卓別林並不知道她的想法，他深切地愛戀著埃德娜。直到有一次宴會上，埃德娜突然暈倒了，但她沒有派人去叫卓別林，而是請人去叫派拉蒙電影公司的明星湯姆·米恩。隨後，卓別林認為埃德娜根本對他無意，自己只是一廂情願而已。

他為此煩悶地憂愁了幾天，居然無心工作。埃德娜聽說後，就過來找到卓別林，向他表明了自己的立場和擔心：我們兩人不太合適，還是做朋友最好。

看著這姑娘忽閃忽閃的大眼睛，卓別林反而釋懷了。此後，他們一直維持這種親密的朋友關係。

一九一七年，第一次世界大戰已經打了三年多了，美國本土也受到了威脅。尤其是當美國從歐洲運送貨物的商船「盧西塔尼亞」號在大西洋被德國潛艇擊沉後，美國已兩次發動自由公債募購運動。

儘管《狗的生涯》獲得了成功，但報界對卓別林卻頗有微詞，甚至有人公開指責他說：

「查理，你為什麼不去參軍？」

其實，卓別林自己也做過體檢，他的體重一百一十八磅，身材矮小，要參軍根本就不合格。

除了個別尖刻的人，大部分民眾都是善良的，還有人替他辯護說：

「查理拍喜劇片比參軍更重要。」

戰事始終糾結著所有民眾的心，協約國的戰士們在血與火中堅持著自己的陣地。第三次自由公債募購運動，卓別林和他的朋友瑪麗．畢克馥和道格拉斯．范朋克等都被邀請了。趁此機會，卓別林也為美國出了一份力。

卓別林還利用他所掌握的演講技巧，第一次公開講話。他與旁邊的一個高大英俊的海軍軍官交談起來。那位軍官幽默地對他說：

「您在臺上講什麼都可以，但千萬不要講笑話。」

於是，卓別林跳上臨時搭起的臺子，激動地對公眾大聲疾呼：

「德國人已經到了你們大門口！我們必須攔住他們！只要你們買自由公債，我們就能夠攔住他們！記住了，……每買一份公債，你就救活了一個士兵，一個母親的兒子！就可以早日打勝這一仗！」

由於過於激動，卓別林不慎從臺上滑了下來，栽在那位海軍軍官的頭上。這位軍官，就是後來的美國第三十一任總統富蘭克林·德拉諾·羅斯福，當時的海軍部長助理。

募捐結果十分理想，僅卓別林一人就募集了上百萬美元。後來，他們又受到了威爾遜總統的接見。

根據這一次的經驗，卓別林又想到了拍攝《公債》一片。

（三）自組電影公司

卓別林骨子裡是反戰的，他看到那些年紀輕輕的軍官士兵們要奔赴戰場，便又產生了新的想法，於是拍攝成了《夏爾洛從軍記》。

有人把《夏爾洛從軍記》稱作是一首「諷刺性的史詩」，這也是卓別林首次嘗試用影片來諷刺戰爭的殘酷性。

在這部影片當中，夏爾洛是個有家室的男人，他的妻子是個很厲害的角色。當他帶著幾個孩子回家，剛走到門口，畫面上就出現一個大煎鍋，鍋子迎頭砸在他腦

袋上。雖然他的妻子沒有出現在畫面上，但繩子上晾著的肥大如旗幟的女襯衫和母象都能戴的大乳罩，已暗示出她有多麼高大……

雖然妻子很凶，但夏爾洛還是不願意去打仗。無奈，他還是被徵召入伍，離開了孩子、妻子，成為一名新兵。他不會扛槍，走路也總是慢半拍，還一拐一拐地外八字。當教官讓他把腳尖向內時，他又變成了內八字。在訓練中，更是笑料百出。當夏爾洛被派去前方偵察時，他把自己偽裝成一棵樹。

夏爾洛參與了壕溝戰，在一場進攻德軍陣營的作戰中，他單槍匹馬成功地俘虜了十三名德兵。當向敵軍戰壕射擊時，他從容而鎮定，打死一個敵人，就在黑板上劃一道。此時，他再也不是那個新兵夏爾洛了，而是開始成熟老練起來。當他發現他誤認為打死計程車兵回敬他一槍時，他又從容地擦掉一筆。

最後，他又技巧性地活捉德軍前線司令，使得大戰結束。

此時，卓別林又打出了「世界和平——人類將會美好」的字幕，宣揚他的反戰主張。

（三）自組電影公司

就在夏爾洛成為英雄，並被眾人喝采時，鏡頭突然一轉：夏爾洛還在軍帳中睡覺。忽然，他被人們用力搖醒，原來這一切都是他自己做的一場夢而已。

這部影片的細節相當真實，夏爾洛既可愛又傷感，讓人透過夏爾洛的經歷面對戰爭殘忍和醜惡的一面。

後來，影片還做了些許的改動。一九一八年十月二十日，當它終於與觀眾見面時，引起了轟動。那時，第一次世界大戰已經接近尾聲，各國士兵在陸續撤回本土。因此，它也成為士兵們最愛看的電影。

《夏爾洛從軍記》的拍攝時間過長，也超出了預算。卓別林想要第一國家電影公司給他補助一些額外開銷，因為他認為自己是公司的吸金石。但當卓別林提出「要求加錢只是為了保持我的作品水準」時，吝嗇的公司董事們卻並不同意他的這個提議。

接著，雪梨又獲悉電影業開了一次會，即所有的電影製片公司要組成一個托拉斯。卓別林就和自己好友道格拉斯、瑪麗·畢克馥和格里菲斯商量，他們聯起手來，在原財政部長、威爾遜總統女婿麥克·阿杜的支持下，於一九一九年四月成立了聯藝電影公司。

有了自己的電影公司，他們就可以為了擺脫大電影公司的束縛和剝削，爭取到更多的創作自由和更大的利潤。

第十章　《孤兒流浪記》

幽默增強了我們生存的意義，保持了我們清醒的頭腦。由於幽默，我們在變幻無常的人生中可以較少受到打擊。

——卓別林

（一）結婚

一九一八年，二十九歲的百萬富翁卓別林的個人生活發生了變化：他結婚了。

卓別林在好萊塢北區的地米爾路買下了一所住宅。在頭一年十月二十三日的一次聚會上，他認識了演員哈里斯小姐。當他的祕書無意中提起：卓別林的日班司機認為「從沒有見過這麼美麗的姑娘」時，這句話激起了年輕好勝的卓別林的虛榮心，二十九歲的他已經功成名就，身邊的確需要一位美人相伴了。

於是，他開始與哈里斯小姐頻繁往來，兩人經常共進晚餐、夜間漫步、月夜幽會，儼然一對出雙入對的戀人。這對卓別林來說是個浪漫的開始，正如現實中的許多浪漫都是需要付出代價的一樣。

一天，十九歲的哈里斯悄悄告訴卓別林：她的腹中有喜了。卓別林來不及細想，只得心事重重地與哈里斯悄悄成婚。他甚至設想，這樣也許他就能更好地投入工作，並且好好地愛哈里斯了。

（一）結婚

但哈里斯並不安心做一個安分守己的妻子，在婚後的第二天，她就與米高梅公司簽訂了為期一年的拍片合約。卓別林對此並不贊同，但固執的妻子顯然並不聽他的。而且，哈里斯還對卓別林說，她根本就沒有懷孕，她是在欺騙他，她還想當電影明星呢！

就這樣，兩人雖然結婚了，同處在一個屋簷之下，但卻各自忙於拍片，感情生疏。維持了一年時間後，兩人和平分手。

在離婚時，哈里斯提出要二十五萬美元的補償，卓別林只答應給她十萬美元。雖然兩人商量好不告訴報界，而基於卓別林的名聲，有些小報記者在他倆分居後開始對哈里斯造謠，然後挑起她在報上攻擊卓別林……

卓別林的名譽首次陷入了危機。

第一國家電影公司見狀，也想借此機會扣壓卓別林創作的新片。這便是著名的《孤兒流浪記》，長片故事。第一國家電影公司想把它當作三部短片的電影，這樣就能夠少支付給卓別林九萬美元。

第十章　《孤兒流浪記》

《孤兒流浪記》是卓別林的第一部長片，它的創作具有一定的偶然性。就在卓別林煩惱纏身時，靈感來了。

當他和好友成立了聯藝公司之後，就不想為第一國家電影公司拍片了，但他必須要完成與第一國家電影公司的合約。而新婚生活讓他感到很不滿意，哈里斯總是會帶來各式各樣的麻煩干擾他的創作。一部《田園詩》他前前後後花費了整整半年的時間才創作完成。而他的第一個孩子也沒出生就不見了，這些事讓他根本無心工作，只好心事重重地去戲院看演出。

這天，卓別林看到一個跳得並不出色的舞蹈演員謝完幕時，帶出來一個四歲多的男孩賈克·柯根。他跟著父親一起向觀眾鞠躬，突然跳了幾個有趣的舞步。觀眾們見狀，都大聲喝彩，小賈克便又出來跳了一個舞。

這個活潑靈動的孩子讓卓別林印象深刻，也勾起了他五歲登臺的回憶。

一週後，卓別林回到製片廠，準備開始新一輪的創作時，忽然想到了這個小孩：

「如果一個孩子和一個流浪漢在一起生活，那該是多麼有趣啊！」

（一）結婚

隨即，他跟大家談起了那個小孩謝幕的事。這時，有人又想起當天的晨報上說：賈克．柯根被人邀去拍電影了。

卓別林緊張萬分：

「哎呀，這可如何是好啊！」

接著，他順著思路給大家講起了他的創作構想：

「你們可曾想到小孩和流浪漢在一起生活，小孩在街上到處砸窗戶，流浪漢就來配玻璃。這肯定很有趣，還能串連起各式各樣的離奇事！」

他開始編排故事，構思劇情，還設計起動作來。大家都十分驚奇，直到有個人提醒他：

「那個小孩不是已經被簽走了嗎？」

卓別林這才恍然大悟，一時間沒了精神。有人建議說：

「乾脆另外物色一個孩子吧，或者用個小黑孩子。」

但這些建議都被卓別林否定了，他感到悶悶不樂。

直到中午時，一個工作人員興沖沖地趕過來說，他打聽清楚了，跟別人訂合約的不是小賈克．柯根，而是老賈克．柯根。

卓別林高興極了，一下子就從椅子上跳了起來，大聲說：

「快！打電話給他父親，要他馬上到這兒來，這事非常重要！」

大家也被卓別林的情緒感染了，開始忙了起來，甚至連辦公室的人都跑來祝賀卓別林。他立即想到不能讓消息傳出去，趕過去告訴通知的人，絕口不提小孩的事。

就這樣，當賈克先生走進製片廠時，還帶著一臉迷惑的神情。當他終於弄明白事情的真相後，非常高興地說：

「啊，你儘管把這小壞蛋留下來好啦！」

拍片的首要問題解決了，卓別林興奮不已，正如他在這部影片的片頭字幕裡所寫的那樣：

「這是一部笑中也許含著淚的影片。」

這也是卓別林為這部新影片所設下的基調。

（二）離婚前的混亂

一名窮苦的倫敦女人（埃德娜飾）把私生子丟棄在有錢人住宅門口的汽車上。因為她太窮了，無力撫養。但是，有錢人家的汽車卻被竊了，偷竊者又把嬰孩扔在了垃圾箱旁。

善良的玻璃匠夏爾洛（卓別林飾）經過垃圾箱時，發現了這個棄嬰。他把嬰孩撿了起來，交給一位母親，問是不是她丟失的孩子？女人很生氣，指了指自己的孩子讓夏爾洛看清楚。

夏爾洛剛想放下嬰兒，警察看到了。他只得佯裝繫鞋帶，讓一個人幫著抱孩子，隨後自己逃之夭夭，結果那人把孩子又放回到先前那個母親的嬰兒床裡。

從商店裡出來的女人生氣極了。她怒氣衝衝地找到夏爾洛，又把孩子塞給了他。

這時，夏爾洛發現了孩子身上的字條，他決定自己好好撫養他。

在夏爾洛的照顧下，孩子（賈克．柯根飾）長到四五歲了，夏爾洛就帶著他出去做事。父子倆分工合作，小棄兒在街上游逛，乘人不注意就扔石頭砸人家的窗戶，然後飛快地逃跑。接著，玻璃匠夏爾洛就適時地出現，十分殷勤地幫主人配裝玻璃窗。

貧民習藝所的人要把棄兒領走，兩人都不願意離開對方。當貧民習藝所的工作人員開著汽車把棄兒帶走時，玻璃匠從頂樓上飛快地越過無數屋頂，終於在停車的一剎那奪回了哭泣的棄兒。兩人不敢再回頂樓，只好到外面租床位住……

棄兒的母親成了歌唱演員，有了錢，懸賞尋子。棄兒被帶回到母親身旁，玻璃匠夢到了天使，警察把他推醒，並把他帶到棄兒的母親家裡。玻璃匠見到了那個孩子，兩人緊緊地擁抱在了一起……

《孤兒流浪記》將深沉的悲劇氛圍、濃郁的抒情風格以及強烈的樂觀主義精神天衣無縫地融為一體，成就了卓別林的第一部多本影片。鬧劇的場面使影片的喜劇色彩更為突出豐富，表現了主角對生活的熱愛，而夢中天使的處理也讓人印象深刻。

但是，這部喜劇片的創新之舉當初並沒有博得電影劇作家的一致好評，甚至有人還認為它不倫不類。卓別林的精益求精加之生活的困擾影響了他的創作，使得這

（二）離婚前的混亂

部電影拖了一年半的時間才製作完成。因此，第一國家電影公司的股東們也認為他拖得時間太長了，根本賣不到一百五十萬。

卓別林仍然頂著這些壓力繼續創作，電影共耗一點七萬米的底片，共拍了兩部底片，其中一部是專給歐洲觀眾看的。某些場面他反覆拍攝達上百次，一個幾秒鐘的鏡頭，像夏爾洛蓋著一條像睡衣似的開了鈕扣洞的被子，從床上爬起來那一場，觀眾雖然就看到三個動作，但卓別林變換各種花樣拍攝，拍了兩週的時間，最後從眾多的花樣中挑選出一條最好的。

艱難的拍攝完成了，接下來的重頭戲就是剪輯。這時，卓別林遭遇到了婚姻危機，哈里斯的律師在報界一邊倒的支持下，揚言要沒收卓別林的財產。

卓別林沒辦法出面，只得請律師幫忙抵擋，自己不得不離開被眾多記者包圍的製片廠，帶著兩個工作人員攜影片底片離開洛杉磯，躲到猶他州的鹽湖城，在一間旅館裡租了幾間房子。在那裡，卓別林在地上、床上、沙發上攤開一卷卷的底片，十分冒險進行剪接。因為早期的底片是易燃物品，一旦引起火災，後果不堪設想。而影片的剪接工作又十分瑣碎煩亂，兩千多個鏡頭被一一編好號碼，按照新的預想，重新排列組合一番……

終於，在經過夜以繼日的艱苦奮戰之後，他們終於完成了這項十分艱巨的工作。幾個工作人員將剪接好的樣片放映在白色浴巾上。因為已經看過了無數遍，卓別林也不敢肯定這次是不是最好的效果。於是，他就跑到當地的一家影院試映，自己則偷偷地坐在觀眾席中看觀影效果。

電影開始了，銀幕上出現了一行字——「查理・卓別林最新影片《孤兒流浪記》」。這行字讓觀眾開始驚呼。

正如卓別林所預料的那樣，觀眾隨著情節的起伏時而愉快地大笑，時而悲傷地流淚。影片結束時，掌聲響起。

於是，卓別林攜帶著這個新生兒回到製片廠交差。而同時，即一九二〇年十一月，他與哈里斯也正式辦理了離婚手續。

（三）補充知識能量

藝術作品的感人魅力在於情節的真實生動，而《孤兒流浪記》就做到了這一點。因此，它的成功並非偶然，影片中到處都有卓別林童年的影子。小賈克所飾演的這

（三）補充知識能量

個兒童形象與以往影片中的兒童也截然不同：他穿了一件帶洞的毛線衣，一條大人穿的束皮帶的褲子，帶著一頂鴨舌帽。這些精心的裝扮投射出卓別林和哥哥的童年生活。

在設計玻璃匠與孤兒住的頂樓佈景時，卓別林也想起了自己當年住的波納爾弄的那間頂樓。他自然而然地仿造那裡的場景，這些有著深厚現實基礎的細節讓他無比熟悉，自然也是很多普通民眾所熟悉的。而片頭字幕，他是受了朋友、作家弗蘭克所寫的《奧斯卡．王爾德傳》中的啟示——「我只讚揚和欽佩那些含著淚談人世間真理的作家」。

一九二一年二月的一天，《孤兒流浪記》公映，盛況空前，各種讚揚的簡報如雪片般飛到卓別林的製片廠。影片的成功使第一國家電影公司收入兩百五十萬元，卓別林也如願地分得了一百萬以上的純利。小賈克．柯根也一舉成名，成為了好萊塢炙手可熱的童星。

工作消耗了卓別林太多的精力，他急需補充能量。於是，他又拿起了久違的書本，抓緊一切時間和精力學習起來。希臘歷史學家、傳記作家普魯塔克的著作《傳記》，德國的著名哲學家康德、英國哲學家洛克的著作，他都開始讀起來。為了創作

的需要，他甚至還閱讀了喜劇之父阿里斯托芬的劇本、古希臘唯心主義哲學家柏拉圖的《理想國》、英國作家伯頓的《解憂書》等等。

同時，他還結交了許多文化、藝術名流，並與他們探討創作與藝術的話題。他還慷慨解囊，他的作家朋友哈里斯是編期刊的，經濟上經常遇到困難，卓別林施以援手。對此，哈里斯贈書答謝：

「您是少數與我素昧平生但慨然解囊助我的讀者之一，您那罕有的幽默藝術常常使我傾倒，因為我認為，凡是使我們歡笑的人總比那些使我們悲泣的人更應受到尊敬。」

短暫休息了一段時間，這位偉大的喜劇導演又開始了新的創作。一九二一年八月，他拍成了《有閒階級》一片，於同年九月發行。

此時，卓別林還剩三部電影就完成了與第一國家電影公司的合約，但超時超量的工作讓他感覺到疲憊極了，他急切需要找個地方渡假。

他已經連續工作了多年，而自從八年前離開英國之後，他再也沒有回去過。此時，他的心已經急切地飛回到那個生養他的地方。恰好在趕拍《有閒階級》時，一個噴燈出了事故，燒穿了他的石棉褲。

對此，新聞界按照平時的習慣又大肆添油加醋宣揚一番。大家都以為他傷勢嚴重，很多朋友、同事都發來了問候，這其中也包括他的老朋友，英國著名社會學家、歷史學家、作家威爾斯的慰問信。卓別林當時正好剛剛讀完他的巨著《世界史綱》，這些更觸動了他回國去看一看的那根神經。

回國之前，在美國的好友們為他舉行了一個小型的辭別酒會：道格拉斯、瑪麗．畢克馥、英國作家愛德華、勒內女士等友人歡聚一堂，大家都擺脫工作的重荷，盡情歡笑暢飲，並預祝卓別林一路順風。

第十一章　榮歸故里

一個富有想像力的研究者，應當在戲劇效果方面發揮其藝術感。

——卓別林

（一）衣錦還鄉

一九二一年九月初，闊別英國八年的卓別林乘坐「奧林匹克」號輪船返回英國。當年，他乘的就是這號輪船。與當年隻身闖蕩美國的心境截然不同，雖然母親早已遷居美國，但他這次仍有回家的感覺，如同多年的遊子回到祖國母親的懷抱一般。

卓別林不由得與同船的英國作家愛德華感嘆命運的多變。三十二歲的卓別林悠閒地觀賞著海上的美景，海鷗翻飛，日出日落。

回到英國後，各路媒體依然窮追不捨，儘管卓別林已經對他們見怪不怪了。他們在報紙頭條上每天報導著卓別林的行程：

「卓別林衣錦還鄉！從南安普敦至倫敦，沿途將重現羅馬式凱旋的盛況。」

「客輪每天沿途發佈的新聞和查理在船上的活動，均由本社每小時從船上發出簡報，並在街頭出售號外，介紹這位大名鼎鼎、小矮個子、撇著一雙怪腳的演員。」

……

第十一章　榮歸故里

有關卓別林的各類報導一如既往地占據了報紙的版面，而多年的歷練早已讓卓別林處變不驚。他不受媒體的絲毫干擾，心情激動地等待上岸的時刻。

自鳴鐘敲過四點，船靠岸了。雖然隱約聽到了英國人的說話聲，但一夜沒怎麼闔眼的卓別林卻閉上了眼睛。

天亮了，他興奮地走出船艙，在南安普敦碼頭受到市長和影迷們的歡迎後，他又急不可耐地上了開往倫敦的火車，在他熟悉的滑鐵盧車站下車。

一路的輾轉，他終於回來了。下了車，看到兩旁夾道歡迎的人群，他朝大家微笑致意，人群不時地發出「他來了」、「查理，你好」、「查理，好樣的」、「查理，你為英國人爭了光……」的歡呼聲。

卓別林上了轎車。車子在路過西敏橋時，他心潮澎湃，多麼熟悉的西敏大橋啊！泰晤士河仍然在靜靜流淌著。他依稀記得自己的童年，由母親牽著手，拿著好看的氣球，多少次走過這座大橋……少年的時候，成功扮演《足球賽》中配角的那天晚上，一個人靜靜地走到這座大橋，眼含熱淚的情景……

泰晤士河、議會大廈，這裡的一切都沒有變，而變得只有他，他激動得熱淚盈眶……

大群大群的人守候在卓別林下榻的旅館門前，他照例發表了簡短的答謝詞，回到屋裡等待人群散去。但人們並沒有散去，反而大聲呼喊他的名字。他只得幾次走到陽臺上，向人們揮手致意。

一直到下午四點，房間裡仍然坐滿了友人和記者，卓別林只好找了個藉口，說自己要休息一會兒，人們才漸漸離開。

人們一走，卓別林馬上換上便裝，戴上禮帽，乘著載運行李的電梯下樓，並悄悄地租了一輛計程車，才終於躲過了公眾的視線。

此刻，他只想一個人，悄悄地回到自己曾經生活和成長的地方去走一走、看一看，不需要任何人的打擾，也不需要任何形式的歡迎。

(二) 重遊故居

地勢越過西敏橋，開到河東肯寧頓路，又來到母親以前常做祈禱的教堂，最終到了波納爾弄三號。卓別林一抬頭，就看到了那頂樓的窗口：那時母親常常坐在窗前，等著他和雪梨回來，準備好吃的糖果給他們吃。母親第二次發病時，也是那麼悶悶不樂地坐在那裡……

而現在，窗戶緊緊關閉著。他走上樓梯，樓梯板仍然嘎嘎作響，敲開頂樓的門。這裡並沒有什麼兩樣，現在的住客是一位雷諾太太。她熱情地跟卓別林講起她的生活，丈夫英勇地參加了第一次世界大戰，她還拿出丈夫的陣亡通知書和獎章給卓別林看……

與雷諾太太告別之後，卓別林繼續來到馬房巷。這裡已經面目全非，當年的劈柴人自然早已不見。

他又來到了肯寧頓路二八七號，那是他和雪梨寄住過的父親和露易絲的家。那段日子也讓他很難忘，他記得後來母親告訴他：露易絲在他父親去世後的四年也離

（二）重遊故居

開了人世，她那幾年的生活相當辛苦，一直待在他們曾待過的貧民習藝所裡。他想到倔強的雪梨離開這個家露宿街頭的情景。苦難的日子已經揮手而去了。

走著走著，卓別林又來到了肯寧頓公園。那兒依然是一片綠意：他、雪梨、母親在公園度過了那個難忘的週末……

舊地重遊，卓別林感慨萬千。

這次回英國，許多相識的朋友都來拜訪卓別林。他在美國已經很熟悉這種場面上的應酬和交際了，但這次，他主要想故地重遊，感懷昔日時光，從而更加有動力地投入新的工作。他的這些想法與社交界格格不入，因此，有些人開始妄加揣測，甚至報界也開始攻擊他，說他行為詭祕，不願與人為友。

同以往一樣，卓別林並不以此為意，也不加以解釋，依然照自己的想法行事。他每天能收到成千上萬的來信，來信的內容多種多樣：請求援助的、借錢的、求愛的、攀親的、邀請他入股的、送禮物的、請求他賠償的……

完成了此次英國之行的首要目的之後，卓別林開始與英國的上流社會接觸。他認識了許多藝術家、作家、戲劇家、畫家、演員、建築師。他們有的因在某一領域的成就、貢獻與影響巨大，而被英國皇室冊封為貴族封號，如創作神話故事劇《彼得潘》的劇作家、小說家詹姆斯·馬修·巴利爵士，作家、演員兼戲院經理的班克羅夫特等。就連那位後來放棄了王位的威爾斯親王也宴請了卓別林。

著名社會學家、歷史學家、作家威爾斯在他的鄉間別墅，將卓別林介紹給三十多位劍橋大學的教授。卓別林還會見了《中國之夜》的作者托馬斯·伯克，並和伯克一起去華人居住的中國城散步。

本來愛德華提議去拜訪蕭伯納，但卓別林覺得沒有預約不好直接登門，便沒有去。這一會面因此而推遲了十年。

隨後，卓別林前往巴黎。法國評論家對卓別林推崇備至，著名評論家德魯克就在一篇文章中寫道：

「他是全世界最聞名的一個人。迄今為止，他使聖女貞德、路易十四和克里孟梭相形見絀。我看不出耶穌和拿破崙有什麼地方能和他相提並論的。」

卓別林的經典流浪漢「夏爾洛」的名字本來就出自法國人民之口，並被世界人民所認可。因此，雖然此行並沒有向媒體透露，但當卓別林來到法國時，熱情的法國人們還是高呼著「夏爾洛萬歲」來迎接他。

財閥摩根的女兒安妮·摩根小姐找到了卓別林，當時她正在為重建第一次大戰時遭到破壞的巴黎發起募捐。卓別林欣然接受了邀請。

法國政府副總理還向卓別林授予文藝勛章，獎狀上寫著「查爾斯·卓別林：戲劇家，藝人，民眾教育學士」。能夠獲得這份榮耀，卓別林覺得十分榮幸。

（三）照顧母親

幾個月後，卓別林精神飽滿地返回美國，準備開展新的工作。他要繼續他所熱愛的電影事業，以報答那些關愛他的影迷和家鄉的人們。

一九二二年返美後，紐約廣大市民、影迷又為卓別林舉行了盛大的歡迎會。歡迎會一結束，他便前往洛杉磯去探望多日不見的母親，順便講講自己這趟歐洲之行的見聞給老人家聽。

在私人醫生的殷勤照顧下，漢娜太太的病情已經得到了很好的控制，她甚至還聽說了兒子回英國所引起的哄動。漢娜太太感覺高興極了，見到兒子，她一直不斷地說：

「太好了，太好了。」

但是，晚年篤信宗教的漢娜，又希望兒子去做一些切實可行能拯救靈魂的事情。

卓別林微笑地安慰母親。他深知，畢竟窮苦才是生活的大敵。當母親把自己引領到這一行業的時候，他就知道，自己終身都脫離不開了。

自己成立製片廠後，卓別林也沒有忘記那些老夥計。原來卡爾諾默劇團美國分部經理李維斯早已過來給他幫忙了，擔任他的製片廠的經理。李維斯太太也隨先生遷居到了這裡，並且負擔起了照顧漢娜太太的使命。

李維斯太太高興地告訴卓別林，漢娜太太的身體相當不錯，而且也沒怎麼發病，有時她還會給護士小姐講述過去那些有意思的事。情緒好的時候，漢娜太太還相當幽默、風趣，經常逗得他們大笑不止。

記得有一次，漢娜太太在李維斯太太、看護小姐陪同下參觀了一個鴕鳥飼養場。在孵卵室，那裡的職員十分熱情地捧著鴕鳥蛋介紹說：

「這個蛋到下周就可以順利地孵出小鴕鳥了。」

工作人員剛說到那裡，臨時需要接一個電話，便順手把蛋放到了看護小姐手裡，自己離開了孵化室。

漢娜太太見此情景，一把奪過了鳥蛋，認真地說：

「還是把它還給那個可憐的鬼鴕鳥去吧。」

順手就把蛋往一邊的鴕鳥欄裡一扔，鳥蛋一下就摔出了裂紋，嚇了李維斯太太和看護小姐趕緊拉著老人，急匆匆地逃離了鴕鳥場。

（三）照顧母親

漢娜太太年輕時歷經坎坷，但晚年卻享受了清福，最後幾年不但身體一直不錯，連精神病也徹底治癒了。卓別林用賺到的錢盡力孝敬母親，恢復神智的母親也知道自己兒子已相當富裕了。有一次，她跟兒子提到花園、草坪都修剪地很好，兒子告訴她：那是因為自己僱傭了兩個園丁。

「那你一定很有錢了？」

「媽媽，我現在的身價是五百萬元。」卓別林驕傲地回答說。

漢娜太太平靜地點點頭。經歷過人生的起落之後，她依舊保持著平和淡泊的心態。

第十二章　《巴黎一婦人》

智力與感情能獲得理想的調和，就能產生最好的演員。

——卓別林

(一)巴黎一婦人原形

二十世紀二十年代初是無聲電影的成長期，這時期的電影主要以外在的明顯而誇張的動作來表現情緒，而缺乏細緻的心理刻畫。演員角色表演也大都千篇一律，不是絕對的好人，就是糟糕的壞蛋。連卓別林也聽到一些影評家這樣闡述：

「無聲電影無法表現心理狀態，要表現心理狀態，它最多只能是透過一些明顯的動作，如男主角把女的按在樹幹上，狂熱地對著她的嗓子噗哧噗哧噴氣；或是揮動椅子，打砸笨重的東西。」

而自從成立聯藝公司以來，卓別林也面臨著來自四面八方合併的壓力，這些壓力也使公司有人曾想讓華爾街的投資銀行參與公司的股份。儘管這一勢頭被卓別林壓制住了，但他迫切地需要創造出一部不同以往的電影來占領市場，也立穩新公司的腳跟。

無疑，《孤兒流浪記》的成功給了卓別林信心，他相信自己還能有更大的突破。他要拍攝一部戲劇，一部沒有自己參演的充分刻畫心理的戲劇，而材料也在他苦思冥想的時候來到了他的身邊。

（一）巴黎一婦人原形

一九二二年夏天，卓別林在一次聚會上結識了當時名噪一時的舞蹈演員蓓吉。她是一個鞋匠的女兒，曾經參加過歌舞團，憑藉自己的長相而五嫁百萬富翁，有個愛戀他的青年居然為她而自殺。

在見到卓別林時，雖然蓓吉的手上戴著的二十克拉的鑽石還在閃閃發光，但她卻對卓別林說自己想過平凡人的生活，嫁一個老實男人，生幾個孩子。她還談了自己和一位出版商的風流韻事。這些都觸動了卓別林的創作靈感。於是，《巴黎一婦人》的腹稿在他的腦海中打好了。

影片表面上是一段風流韻事，其實是一部諷刺和描寫心理的影片，正如導演在片頭字幕上所提到的那樣：

「人類不是由英雄和叛徒組成的，而是由普通的男人和女人組成的。」

可以說，這樣善惡交錯的人生才是生活的常態。因此在影片中，卓別林沒有描寫絕對的好人和壞人，只有一些受命運擺佈的普通人。

《巴黎一婦人》的劇情大致為：

年輕的法國農村姑娘瑪麗（埃德娜飾）與約翰．米勒（卡爾．米勒飾）私訂終身，他們決定私奔。但就在私奔的當晚，約翰的父親暴病身亡，約翰沒有及時趕往車站。瑪麗打電話給約翰，約翰也沒說清楚，瑪麗以為他變了心，便隻身前往巴黎，並淪落為富翁皮埃爾（阿道夫．門吉歐飾）的情人。在處理完父親的喪事後，約翰便同母親移居巴黎，艱難度日。一次，他與瑪麗偶然重逢，重燃愛火，然而終究無法回到從前。約翰最終為愛而死，瑪麗同約翰的母親相依為命地生活在一起。

《巴黎一婦人》的主要情節設置雖然簡單，但在無聲電影時代，在缺乏活潑的聲音和豐富的語調的情況下，人物內心的刻畫卻並不容易。卓別林冥思苦想，極其巧妙地利用演員們表演的細節，精心地設計了對比和細膩的拍攝手法，以此來達到表現人物的內心世界。

就像影片開頭一幕，表現一對父女的衝突：

黃昏，陰暗的小巷中，一座古老的房子，閣樓的窗戶上映出女人的柔美身影。鏡頭一轉，一隻打開的衣箱赫然放在床上，表明女兒要外出。瑪麗正在點燃煤氣燈，突然，一個黑影出現了。他臉色陰沉地朝樓上的房間看了一眼，然後開始上樓。樓上的瑪麗嚇得呆若木雞，顯然她是聽到了父親的腳步聲。父親迅速地從外面鎖上門就下樓了。瑪麗衝向房門，根本打不開門……

這一連串地動作已經讓觀眾完全明了了父女之間的衝突。

（二）現實主義電影

《巴黎一婦人》在人物心理刻畫上也充滿了層次感，突破了電影簡單地表達高興或者生氣的心理模式，比如當瑪麗的女友拿著社交新聞的刊物，告訴她皮埃爾的風流消息時，她只是冷冷地接過刊物，只瞟了一眼便若無其事地扔在了一邊，彷彿並不在意；接著，她點燃了一支菸來掩飾所受到的刺激。最後，她笑嘻嘻地把女友送到門口道別，然後迅速跑回來找出那本刊物，情緒衝動地仔細看著那條消息……

此外，一段刻畫瑪麗複雜矛盾心理的設置也很值得稱道，卓別林是透過道具「項鏈」將其呈現了出來：

當瑪麗與窮畫家約翰舊情復燃之後，她回到寓所，見到皮埃爾百般怨恨，甚至想分手了之。她質問皮埃爾：

「我愛你，可是你給過我什麼呢？……什麼也沒有！」

皮埃爾隨即便拉起瑪麗脖子上的寶石項鏈作為回答。他做出認真仔細地打量著寶石項鏈的神情，自然，這一舉動傷害了瑪麗的自尊。瑪麗狠狠地扯下脖子上的寶石項鏈，將其扔到了窗外。然後望了一眼皮埃爾，離開他的身邊。

皮埃爾做出無所謂的表情，隨即拿起了薩克斯管吹起來，而此時的瑪麗卻坐不住了。她不安地望著窗外的大街，發現乞丐把那串項鏈撿走了。瑪麗連忙讓皮埃爾出去要回來，皮埃爾置之不理，反而更加起勁兒地吹著薩克斯管。

心急火燎地瑪麗追了出去。為了體現她的焦急，卓別林讓一隻狗跟她一起飛奔。瑪麗最終追上了乞丐，奪回了寶石項鏈。但是，她的鞋跟也跑掉了，狼狽不堪地回到了家。皮埃爾見到她這幅樣子，樂得不得了。

這樣悲喜交加、高尚與卑賤交織在一起的場面，使得故事情節達到了一個高潮。

一九二三年十月，《巴黎一婦人》首映便獲得了電影界專家、學者的熱烈歡迎與好評。但在觀眾方面卻產生了一定的地域性。在美國本土，習慣於卓別林喜劇風格的觀眾不喜歡這麼悲傷的故事；而且，每天快節奏的生活也讓這裡的人們不喜歡接

（二）現實主義電影

近現實生活的東西。而孕育了托爾斯泰等現實主義大師土壤的俄國觀眾卻很喜歡這種藝術表現形式。

儘管褒貶不一，但這卻並不影響這部影片在電影史上的地位以及歷史對卓別林個人成就的公正評價。

後世電影人和影評家對該片都給予了很高的褒獎，認為這是第一部以描寫心理為主的電影，細膩的心理描寫非常成功。同時，這部影片充分顯示了卓別林的導演和編劇天才，成為世界電影發展的一個里程碑。此片也是卓別林藝術創作的一個轉折點，他已經將無聲電影時代的全部技巧應用其間，並且創造出自己獨特的電影藝術特色來。

對此，法國導演克萊爾評價說：

「這部電影證明卓別林是一個名副其實的作家，到處都表現出他的才能，他創造了每一個人物……這是一次革命，……這部影片我看過十幾遍，我一直讚賞各個場面的適當處理、他們之間的緊密聯繫和自然的發展。他們每次總是使你受到感動，每

次的方式又總是不同的。我們可以預見到每一個細節，可是它們的人情味是發掘不盡的。」

美國電影藝術家約翰．霍華德．勞遜評則說：

「這部影片的驚人場面和對攝影機的出色運用，使它有資格被稱為先鋒影片，它預告了將在以後的四十年中使用的思想和技術……恐怕任何別的影片都沒有對電影詞彙作出如此多的貢獻。」

而對於這部影片，卓別林本人則認為：

「電影的目的就是把我們帶到美的王國，這個目的只有在緊緊地沿著真實的道路前進時才能達到。只有現實主義，才能讓群眾信服。」

(三) 思考突破

二十世紀二十年代中期，好萊塢電影產業十分興盛，不少影院拔地而起，電影大企業建立了合作的輪映體系，並強制影院購買標準化的影片拷貝。他們一方面想以這種方式賺錢，需要有創造性的影片，但是，因為風險巨大又不敢相信新的作品和創新的劇作家。

而與此同時，電影劇本也出現了較為固定的形式，電影劇作家雖然收入增加，但越來越受到製片商的苛刻限制，影響了創作的自由，大量作品缺乏特色和新意，影院放映的好作品也越來越少，導致電影觀眾人數急遽下降。與電影相比，人們更願意去戲院看戲。

不過，這種電影產業新的形式也給了喜歡挑戰的卓別林新的機會。與其他創作團隊相比，卓別林佔有很大的優勢：他已成名，又有創作自由度，連製片廠也是自己的。因此，只要作品保持水準，一定能獲得巨大的成功。但顯然，卓別林需要的並不只是這些。

(三) 思考突破

正如登山者一樣，征服了一座高峰之後，他們還想向更高的高峰進發。卓別林拍電影也是如此。他不想坐在功勞簿上數著自己的成就，現在還沒到那個時候。

在拍攝《巴黎一婦人》之前，卓別林便想拍攝一部史詩，而且是根據自己的御用女主角埃德娜的特色量身製作的。但經過多年的合作，他發現埃德娜已經越來越成

第十二章　《巴黎一婦人》

熟和老練，並不太適合他早期清新而純淨的女主角要求了。而他也想有所改變，準備拍一部《特洛伊女人》之類的故事片。不過從成本角度考慮，卓別林還是放棄了這個計劃。

後來，卓別林又想到了約瑟芬。這個歷史上了不起的女人讓他著迷，隨即便研究起了與之相關的拿破崙。閱讀的深入讓卓別林又被拿破崙所吸引了，這位叱吒風雲的天才引起了卓別林的極大興趣，甚至超過了原先設定的故事主角約瑟芬。

繼而，自己扮演拿破崙，用史詩形式描繪一個二十六歲的青年人的意志與勇氣，講到他怎樣制服那些百戰沙場的老將，消除了他們的妒忌和強有力的反抗等等，這成了卓別林的夢想。但考慮到當務之急及其可操作性，卓別林還是暫時放棄了這一計劃，不過拍攝一部史詩片的夢想一直都留在他心中。

因此，剛拍攝完成《巴黎一婦人》，卓別林便醞釀要拍攝一部具有史詩性的喜劇片，並且由自己擔任主演，標準是比《孤兒流浪記》藝術品味更高、更具震撼力。

(三) 思考突破

一個人最難超越的就是自己，想要喜劇影片拍出史詩性更是相當困難。卓別林苦思冥想了一陣，也沒有什麼新的靈感產生。同以往一樣，他一缺乏靈感就去老朋友道格拉斯．范朋克家裡坐坐。

在朋友家中吃過早飯後，幾個朋友坐在客廳裡閒聊，卓別林隨手翻看著朋友家中的立體風景照片。那疊照片中有幾張是美國阿拉斯加州和加拿大克朗代克河流域風景。在十九世紀下半葉，那裡是著名的淘金聖地。

照片裡展現出這樣一副景象：一長列勘探金礦的人們，無比艱難地攀登一處冰凍的山巒……

照片的背面則是頌揚他們克服困境壯舉的文字介紹。

這些圖片和文字描寫讓卓別林立即聯想起他曾看過的愛爾蘭人派翠克．布林寫的一本日記，日記中記述的就是一次淘金的悲劇：

在一八四六年，一支前往美國西南部拓荒的人在翻越內華達山脈去加州時，迷失了方向，被大雪困在高山上。一百六十人的隊伍，病餓而死的人不計其數，最後只有十八人生還，到最後為了活命甚至要吃同伴的屍體。

這兩組訊息讓卓別林一下子就有了靈感，故事的基本框架和笑料也隨之出現。

他微笑著對道格拉斯說：

「我的新電影有眉目了。」

第十三章　《淘金記》的誕生

對於一位偉大的演員來說，他的基本特點在於演出時熱愛他自己（即自己扮演的角色）。

——卓別林

（一）淘金記

卓別林認為：在創作喜劇時，其中的悲劇因素往往會激起嘲笑的心理，而嘲笑正是一種反抗。每到無可奈何的情況下，我們就必須用嘲笑的態度去反抗自然的力量，否則我們就會發瘋。

而最能體現他這種思想的創作，就是在一九二五年製作完成的著名影片《淘金記》。

受在朋友家看到的兩個素材的啟發，從創作之初，卓別林就想到了影片中最好笑的鏡頭：

在極度饑餓的情況下，查理把自己的皮鞋煮著吃掉了，而且一面吃還要一面剔出其中的釘子，它們好像就是美味的雞肉的骨頭；他還津津有味地嚼起那些鞋帶，它們在查理眼裡就是一些細麵條兒。這樣餓得發狂，他的同伴把查理想成了一隻雞，要把他夾著生吃了……

（一）淘金記

這一定會非常好笑。就是衝著這份熱情，一離開道格拉斯家，卓別林就開始構思這部作品，設計其中的主要人物、情節和大部分鏡頭。因為卓別林想把所有的細節都呈現在劇本上，所以，這個劇本從構思到創作長達半年之久。

卓別林給這個動作喜劇片取名為《淘金記》，開頭的字幕寫道：

「在阿拉斯加形成瘋狂般的淘金熱潮時期，成千上萬的人從世界各個角落蜂擁而來。但是，很多人從來沒有想過，在艱苦、嚴寒、缺乏食物和冰天雪地、人跡罕至的這塊地方，不知道要遭受多大的困難。而等待他們的，就是這樣的困難。」

故事的情節大體為：

在阿拉斯加的嚴冬時節，一大群採金者拉著裝有帳篷的雪橇，背著沉重的旅行用具，紛紛前來尋找金礦。一個帶著圓形禮帽，穿著大皮鞋、肥褲子，拎著竹手杖的採礦者查理（卓別林飾）緊隨其中，在山崖上的羊腸小道中穿梭，他並沒有看到近在咫尺的大熊……

饑寒交迫的查理發現雪地上豎著一根木樁，上面寫著：

「畢格．吉姆．馬克所有，面積：東南西北方圓兩百五十英呎，不準任何人在此採礦。」

他繼續前行，由於搞錯了方向，居然來到了亡命之徒拉遜棲身的小木屋。拉遜正在驅趕查理時，帳篷被風吹走的大個子吉姆（馬克．斯維恩飾）也來到了這裡，他就是那個金礦的發現者。拉遜與大個子吉姆發生了激烈的搏鬥，他們拚命爭奪一桿獵槍，而不管查理怎麼躲閃，槍口總是對著可憐的查理。（這個鏡頭成為後世導演經常模仿的經典鏡頭。）

最後，吉姆取勝，三人只好和平共處。暴風雪太大，根本無法出門，饑餓難耐的三人便抽籤決定派一人去尋找食物，拉遜抽中了。他出去尋找食物，被警察認出後，就槍殺了他們，並獲得了警察的雪撬和口糧。在往回趕路的時候，他發現了吉姆的金礦，便開始挖金礦，自然不會再回小木屋了。

留下的查理和吉姆餓極了。這時候，卓別林精心設計的好戲上演了：

查理把自己的一隻皮靴煮來吃，並像啃骨頭般津津有味地吃著鞋釘；無可奈何的吉姆也跟著吃了起來，還無奈地咬著鞋底。

又過了一天，大個子吉姆饑餓難耐，在幻覺中把查理當作火雞，舉槍要殺，他們不斷地追打。最後在混亂中跑進了一頭大熊，查理一槍把熊打死。兩人飽餐一頓之後，分道揚鑣。

至此，故事的第一個高潮結束了。如果用音樂來比擬的話，接下來就是抒情的部分了。

（二）佳評如潮

吉姆和查理各自展開自己的故事，而吉姆的故事則頗為凶險：

他回到自己的礦坑，發現了拉遜。罪惡的拉遜打昏了吉姆，逃跑了，在逃走的路上失足跌下深谷（卓別林在此段字幕中打出「惡有惡報」，讓觀眾看著十分痛快。）。

吉姆漸漸醒來，但他卻失去了記憶，只記得自己發現了金礦，但並不記得金礦在哪裡了。他茫然地走著，尋找那個在小木屋的依稀記憶。

而查理來到了採礦人聚集的小鎮上，邂逅了美麗的舞女喬治亞（喬治婭．黑爾飾）。喬治亞與暴發戶賈克發生矛盾，便借跟查理跳舞而氣他。懵懂不知的查理以為喬治亞對自己有意而高興不已。

饑餓的查理暫住在淘金工程師漢克家，並幫助漢克看家，又巧遇喬治亞。喬治亞知道了查理的心思，便想逗逗他，於是答應新年的晚上來這裡吃晚飯。

待喬治亞走後，查理興奮極了。他拋起枕頭，絨毛和羽毛一陣亂舞。正當滿身羽毛的查理盡情發洩快樂的時候，喬治亞又回來取手套，撞見了這一幕。查理窘迫極了，結果可想而知。

新年晚上，喬治亞在酒店裡徹夜狂歡，早就忘記了可憐的查理。而查理在等待中，幻想著為喬治亞表演了小麵包舞（這段卓別林自創的舞蹈，詼諧有趣，亦成為經典）的情形。

吉姆迷迷糊糊地在小鎮上重遇查理，要他幫忙找尋金礦。兩人回到了小木屋，卻遇到大風雪，整間木屋被刮到懸崖上，並且一半懸空，屋裡沉睡的兩人卻懵懂不知。此時，查理和吉姆又上演了一段精彩而冒險的逃生……

（二）佳評如潮

最終他們發現了金礦，查理與吉姆成了富翁，坐頭等艙回鄉。潦倒的喬治亞也坐船回家，碰上三等艙尋找偷渡者。當查理穿著以前的裝扮拍照時，從船上摔了下去，掉到三等艙喬治亞的身邊。喬治亞以為查理就是那個偷渡者，連忙把他藏了起來。在警察發現他後，喬治亞又極力說自己會為他付船票。重遇喬治亞讓查理大喜過望，他告訴喬治亞，自己已成為百萬富翁，並向侍者宣布喬治亞就是自己的未婚妻，在記者的鏡頭前兩人熱烈地擁吻……

聯藝的銷售經理看完這部電影後，高興地擁抱卓別林，說這部電影一定能賣六百萬。這個預計數字果真達到了。幾年後，有聲片流行時，聯藝公司又發行了由卓別林解說的有聲版，配有柴可夫斯基、尼古拉．林姆斯基-高沙可夫和理察．華格納的音樂。

《淘金記》成為了一九二五年至一九二六年最為走紅的影片。影評家們這樣評述它：

「真實而誇張地描寫了發生在北極圈的淘金熱潮及淘金者面對危險和暴力的奮鬥態度，影片是肯定人類意志的。」

《淘金記》也是卓別林自己比較喜歡的一部影片，在多項世界性的影史十大佳作評選中均居前列，堪稱是一部永垂不朽的喜劇。它將滑稽敘事、悲劇色彩、抒情韻味三者進行了巧妙而平衡的結合，使之成為卓別林作品成熟期中的代表作。卓別林此後的作品增加了不少社會批判色彩，相比較而言，反不如這部影片直接關注小人物來得那麼單純和樂觀。

法國評論家呂西安一九二六年在巴黎的《電影雜誌》上寫道：

「如果設立諾貝爾電影獎，卓別林應當得獎。」

(三) 第二任妻子

《淘金記》帶來的盛讚讓卓別林歡喜不已，但就在不久前，電影剛剛製作完成時，他自己卻因為過度勞累而病倒了。這件事發生在影片初映結束後，卓別林突然感到透不過氣來，慌忙打電話給一個親近的朋友：

「我快要死啦，找我的律師來呀！」

朋友驚訝地說：

（三）第二任妻子

「你應該請一位醫生，而不是請律師。」

「不，我要立遺囑。」

朋友趕緊為卓別林請來醫生。經過認真仔細地檢查，醫生寬慰了卓別林，稱他只是神經衰弱，因為過度勞累加上天氣炎熱才會如此。醫生建議他最好到海邊去靜養幾天，呼吸一下新鮮的空氣，並且一掃工作留給他的陰霾。

卓別林接受了這一建議，在朋友的推薦下前往布萊頓海濱靜養。聞訊而來的影迷也跟隨他來到這裡，並在旅館外邊高呼：

「喂，查理！」

「查理，你好！」

……

卓別林只得離開窗口，可由於人太多，他們相互擁擠想一睹卓別林的風采，居然有先後三個人掉入海裡。這讓卓別林更加緊張不安。住了兩天後，他感到身體差不多恢復了，馬上就離開了那裡。

《淘金記》在商業價值上也是非常成功的作品。拷貝總共賣了六百多萬美元，給卓別林帶來了兩百萬的收益。加上《孤兒流浪記》的紅利，卓別林有三百萬美元進帳。

事業的蒸蒸日上，卻沒有為婚姻帶來好運。此時，卓別林與自己的第二任妻子麗泰・格雷的婚姻糾紛越演越烈。

麗泰・格雷是莉蓮・格列的女兒，曾在卓別林的《孤兒流浪記》中飾演過天使。當卓別林為《淘金記》尋找女主角時，莉蓮・格列便把自己這位十七歲的女兒推薦給了卓別林。她的甜美長相和可愛贏得了卓別林的喜愛，隨與她簽訂了合約，讓她飾演女主角。

但隨著瞭解的深入，卓別林發現麗泰・格雷並沒有什麼表演天賦，可是卓別林與麗泰・格雷之間卻產生了愛的火花。儘管如此，出於藝術的考量，卓別林還是換了喬治婭・黑爾擔任《淘金記》的女主角，並答應付給麗泰罰金。

但莉蓮．格列並不善罷甘休，她威脅卓別林要控告他誘拐婦女罪。卓別林無法承受這樣的汙蔑，只得屈服了莉蓮．格列的壓力，到墨西哥邊境的教堂中與麗泰．格雷結了婚。

（四）離婚風波

沒有任何基礎的婚姻畢竟會橫生枝節，第一段婚姻的不幸並沒有給卓別林拉響警鐘。或許是藝術家對於浪漫的過分追求，使他沒有充分地考慮到現實與夢想的距離，因此，卓別林仍然滿心希望這段婚姻會讓他沒有後顧之憂。

愛情起初還是很甜蜜的。在新婚後，他們孕育了愛的結晶：小查爾斯．卓別林和小雪梨．卓別林相繼誕生了。有了家，卓別林便認為自己有了堅強的後盾，他很愛孩子們，也很愛麗泰．格雷，他們也曾經試圖美滿地生活下去。但麗泰．格雷畢竟年紀尚小，她的所有想法都基於那個會謀劃的母親。因此，成為闊太太的麗泰盡情地享用著丈夫那數不清的支票，過著奢侈的生活。至於卓別林的事業好壞，她根本不關心。

第十三章　《淘金記》的誕生

在他們結婚的第二個年頭，當正在拍攝新片《馬戲團》的卓別林一身疲憊地回到家時，眼前的情形讓他簡直驚呆了：年輕的妻子正與她的朋友們尋歡作樂，地板上、床上都是些醉鬼，他們擠眉弄眼地跳著舞、唱著歌。

卓別林忍無可忍，將所有人都趕了出去。麗泰．格雷自然也不肯讓步，與丈夫大吵了一架，搬到娘家去住了。

一九二七年一月，麗泰．格雷在母親的安排下，向卓別林提出離婚；並以卓別林虐待她為由，要求卓別林賠償她兩百萬的精神損失費，並要求分割五百萬的家產。

卓別林的奮鬥發家史讓不少人眼紅，此時自然正是攻擊他的好時候。於是，一些居心叵測的人便利用這次機會，一些婦女俱樂部和道德聯盟甚至要求卓別林要對當時的世風日下負責，還有人希望他進監獄。

《紐約時報》將法庭對卓別林的訊問內容印成小冊子，以一本兩角五分的售價賣給那些喜歡看花邊新聞的人。因為離婚涉及財產問題，卓別林的住宅與製片廠也被法院查封了。無可奈何的卓別林只得再次帶著新拍的《馬戲團》底片，到紐約他的律師家裡暫避。

這一年，對三十八歲的卓別林來說可謂歷盡風波，他的神經痛也越來越嚴重了。

儘管朋友好心地為他請來了一位精神病專家，幫助他緩解精神頹喪的狀況，並且似乎有了一點效果，但謠言很快就把治療的哪一點兒成果打碎了。一時間，盛傳卓別林發瘋了、自殺了的流言不絕於耳。某些報刊還要求驅逐他出境，並禁映他的影片。有個想出名的人甚至惡毒地寫出「夏爾洛的卑賤的靈魂」……

不過，正義之聲總會在惡毒攻擊之後來臨。

英國、法國以及來自大洋彼岸的一些媒體忍不住下去了，那些喜愛卓別林的觀眾們也忍不下去了，抗議之聲也漸漸越過了大西洋襲來。法國一些年輕作家、藝術家組成了替卓別林辯護的團體，由著名詩人阿拉貢用英文寫成《友愛之手》一文發表。隨之，在美國的卓別林的支持者和同情者們也組成了聯盟，紛紛發表文章和進行各種辯論。

感覺到輿論壓力的莉蓮·格列害怕再鬧下去會無利可圖，便指示女兒儘快了結此事。這樣，卓別林與麗泰·格雷雙方的律師最終達成和解，卓別林也終於卸下了心頭的一塊大石頭。

第十三章　《淘金記》的誕生

拖著一身疲憊的卓別林再次回到好萊塢，繼續《馬戲團》的拍攝、剪輯工作。幾個月不見，工作人員發現卓別林突然間老了許多。

第十四章　有聲片來襲

「我不再以流浪漢去投其所好。他就是我自己，一個可笑的精靈，某種在我內部的東西，我必須把它表現出來。」

——卓別林

(一) 馬戲團

《馬戲團》並不算是卓別林的代表作，因為在拍攝這部影片時，他身心俱疲，除了逗趣的喜劇之外，後期的拍攝還打上了這一年生活的苦澀烙印。

本來卓別林的最初設想是將這部作品拍成同《淘金記》一樣的樂觀人生喜劇，但導演本人始料未及的人生變故使得這部作品有了以往作品中所沒有的悲觀特色。

《馬戲團》的故事自然是發生在馬戲團：

夏爾洛失魂落魄地在城裡閒逛，正巧，廣場上一個大馬戲團的演出吸引了餓著肚子的他。這時，一個小偷混在人群中偷錢，他發現了警察，怕自己被抓，就把錢包塞入夏爾洛的口袋裡，想乘機嫁禍給他。可是，這弄巧成拙的一幕卻被警察看見了。警察抓住了小偷，還把錢包給了夏爾洛。

夏爾洛剛用這些想買些食物充饑，結果卻被真正的失主發現了。他把夏爾洛當成了小偷，追趕起來。夏爾洛逃進了馬戲團的帳篷裡，在跑馬道上拚命地跑。觀眾都以為這是在表演，結果引來陣陣歡笑聲。馬戲團經理見狀，馬上邀請夏爾洛入夥。

（一）馬戲團

夏爾洛欣然應允，但沒有什麼壓力的他反而不再搞笑了。他只能在戲團裡打雜，經理的女兒十分同情他，經常給予他鼓勵。女孩的友愛給了夏爾洛力量，他勤加苦練，並當上了正式的丑角，也重新贏得了觀眾的喜愛。但女孩並不愛他，她愛的是新來的走鋼索的小夥子。夏爾洛不願放棄，他也去學習走鋼索，並且練到跟那小夥子一樣熟練，還訓練猴子在鋼索上對他進行假攻擊，以贏得觀眾的喝彩。

但是，表演的當天，因為幾隻猴子分屬幾個不同的藝人所養，那幾個猴子都想攻擊夏爾洛。結果，假意攻擊成了真正的攻擊，夏爾洛的衣服、褲子都被扯破了，只留下短褲。

觀眾們興奮極了，但夏爾洛卻真的被猴子咬傷了。他也不能再走鋼索了，而女孩也要跟走鋼索的小夥子成婚了。

夏爾洛已經沒有任何利用價值了，馬戲團的經理將他掃地出門，馬戲團去別的地方表演了。只剩下夏爾洛一個人孤獨地站在曾經熱鬧的廣場上，對著剩下的一圈木屑和紙堆發呆……

第十四章　有聲片來襲

如果不是經歷了一年多的風波，《馬戲團》的結局不會這樣安排。而這樣的結局應該是最符合卓別林當時的心境的。儘管如此，有卓別林的金字招牌，影片仍不出意外地獲得了成功。

卓別林對藝術是執著而精益求精的。在拍片之初，他曾將一個馬戲團全年包用，影片拍攝過程中，因為離婚案的法律程序使然，法院查封了他的製片廠和他的住宅，他本人也被迫暫避紐約，但他仍然留用了這個馬戲團，並沒有因為拍攝可能受到阻礙而放棄繼續堅持的勇氣。

從小經受的苦難讓卓別林從來沒有喪失掉堅強的意志，儘管離婚讓他損失慘重，面臨難以東山再起的危險，他在拍攝過程中仍然沒有絲毫的懈怠，並且憑著堅強的毅力和不懈的努力，在三十八歲時真正學會了走鋼索。在被猴子咬的那最後一場戲，他也是真的受了傷，並為此休養了六個星期。

辛苦的付出沒有白費，一九二八年初，《馬戲團》如期上映，卓別林獲利將近三百萬。這筆錢非常及時，使他能繼續拍攝自己喜愛的影片。

（一）馬戲團

然而，一九二八年對卓別林來說簡直就是一個多事之秋，《馬戲團》上映成功的喜悅剛過，又一個不幸向他襲來：他那可愛可敬的母親漢娜太太病逝了。

儘管前半生饑寒交迫，漢娜太太的後半生倒是過得安逸平和，兩個孩子的功成名就也足以讓她欣慰。晚年時，她過得舒心又幸福，有私人看護、管家、女僕的體貼照顧，她還常常到比佛利山莊看望兒子和孫子。每當看到媒體對卓別林的私生活評頭論足時，她就勸慰兒子去東方好好轉一轉、散散心。

一九二七年，漢娜太太的急性膽囊炎復發了，卓別林把她送進洛杉磯最好的醫院搶救。一方面要趕拍《馬戲團》，一方面又是離婚官司纏身，卓別林又不得不到紐約躲避，但他始終惦記著母親的健康。新戲一完成後，他就過去看望母親。母親畢竟年事已高，一直拖到一九二八年八月，最終因心臟衰竭而去世。

母親的去世讓卓別林悲痛欲絕，母親的音容笑貌和諄諄教誨始終都留在他的腦海中。凝視著母親的遺容，他泣不成聲。但逝者已矣，只能讓母親入土為安。他在好萊塢公墓選了個位置，讓母親長眠於綠草蒼松之間。

(二) 有聲電影的挑戰

熟悉卓別林電影的觀眾都知道，他的早期電影都是無聲片，影片的人物既沒有對白，也沒有聲音，人物只能靠表情、動作、字幕說話，而僅有的聲響也是影片的配樂部分，因為那時還沒有出現有聲電影。有聲電影出現的那一年正好是卓別林在趕拍《馬戲團》的時候，即一九二七年。

準確地說，對無聲片的挑戰發生在一九二七年底，而且事出偶然，但任何事物的偶然性都包含著深層的必然性規律，有聲電影也是如此，因為這是技術革新的必然結果。偶然是因為，它的出現甚至是以一種賭注的形式發生的。

當時的華納兄弟電影公司因為沒有自己的放映網，面臨破產的危險。為了走出困境，這家公司挺而走險，拍攝了一部有聲片《爵士歌王》，實際上就是在無聲片中加入四首歌曲和一些臺詞及音樂伴奏等，目的只是為了發出聲音，吸引觀眾的注意力，讓觀眾感到新鮮。

（二）有聲電影的挑戰

當時的技術條件很不成熟，聲音更像是噪音，如門上的把手扭動，像是拖拉機開過的聲響；騎士身披鎧甲，觀眾聽著像走進了鋼鐵廠；兩個人吃飯會發出如同幾百人吃飯的聲響；人物的說話聲就像是從沙土中傳來的一般；等等。

這電影上映時，許多電影界人士都去觀看了，觀看的結果是對有聲片更加懷疑。況且，此時已經存世三十餘年的無聲片已相當成熟，也達到了一定的藝術高度，還有許多人正獻身於這門事業，卓別林就是其中之一，他們不容許這樣的東西來踐踏無聲電影的藝術世界。因此，一看完《爵士歌王》這部影片，卓別林就公開宣稱：

「你們可以說我是討厭對拍片的，它會毀壞世界上最古老的藝術，即啞劇藝術。它消除了無聲片的巨大美感。」

雖然有聲電影技術並不成熟，甚至可以說是相當粗糙，還有電影界評論家的批評，但看了三十多年無聲電影的觀眾對此卻興趣十足。他們第一次聽到了自己喜歡的電影人物發出了聲音，儘管那聲音並不好聽，但他們還是喜歡這種直接的交流方式。因此，《爵士歌王》奇蹟般地拯救了華納兄弟電影公司。

而米高梅公司也看到了這個商機，隨即拍出了一部大型歌舞片《百老匯的旋律》，觀眾反映同樣熱烈。這也是美國歷史上的第一部歌舞片，片長達十四分，由哈瑞．貝蒙特導演。歌曲優美動聽，表演熱情洋溢，對白幼稚而有趣。

以上這兩部電影帶來了一股有聲電影的風潮。

一九二八年八月，俄羅斯三位著名的電影藝術家愛森斯坦、普多夫金和亞歷山德羅夫，對有聲電影發表了一篇宣言，稱看到了音響的豐富表現力，認為必須意識到無聲電影的不足之處，有聲片的出現將使夢想成為現實。

看到米高梅公司的成功，世界各國的電影公司、製片廠也看到了商機，他們不甘人後，紛紛轉向對有聲片的投拍，各電影院都開始爭訂有聲片。在短短的兩三年內，美國電影界幾乎全面從默片轉變為有聲片的製作。

面對這突然其來的聲勢，卓別林也有點猶豫不決了。但是，當他觀看了最初的幾部有聲片後，便覺得這種粗製爛糙的東西是不會有長久的市場的。因此，他仍然宣稱繼續他的無聲片創作。

（三）城市之光

二十世紀二十年代的美國電影界以喜劇片和西部片為主，而有聲片的來襲使得無聲片的許多大師銷聲匿跡，除了擁有創作獨立性和顯赫地位的卓別林。

因此，卓別林的朋友、同行和影迷們都在密切注意著他的動向，就連以前公開表示不喜歡有聲電影的朋友喬．申克也提醒卓別林說：

「恐怕以後是它們的世界了，查理。」

但執著於無聲藝術的卓別林仍然堅持認為：

「我不相信我的聲音會豐富我的任何一部喜劇片，相反，我的聲音將會破壞我所希望創造的形象，使人感到我的人物不是一個真實的人，而是一個幽默的思想、一個喜劇性的抽象品。」

卓別林的這一表態迅速引起了新聞媒體的注意，甚至有人公開發表評論文章，對他的影片前景表示擔心和懷疑。

第十四章　有聲片來襲

卓別林要承受的壓力還不僅於此，他的境況正發生著變化。以往一聽說卓別林要拍片，很多製片商都迫不及待地要求簽訂訂單；而現在，他們似乎不大提得起興致了。他們對卓別林說的也是這樣的話：

「查理，我們希望看到你精彩的有聲片。」

這使卓別林矛盾不已，內心無比痛苦，他甚至開始回顧自己的從影生涯，思索著為什麼以前拍出的好多無聲片能具有世界性的魅力，能吸引包括知識分子、白領階層、工薪階級在內的觀眾……而現在就真的不行了嗎？

他覺得：既然不同類型的娛樂可以並存，那麼不同類型的電影也是可以並世的。再則，他堅信自己的啞劇藝術仍然是首屈一指的，為什麼不能再拍出一部理想的無聲片呢？

經過這樣的深思熟慮之後，卓別林決定再拍一部無聲片。而此時，素材也已經有了，他想透過流浪漢與賣花盲女、百萬富翁之間的關係來展開劇情。

（三）城市之光

卓別林構思的這部影片，就是那部不朽的《城市之光》。在慶祝好萊塢誕生一百週年的時候，著名的電影史學家、影評家組成的評委會將當年卓別林拍攝的《城市之光》評為美國電影史上的「十佳影片」之一。

但這部影片的創作之初卻充滿了壓力，卓別林在構思劇本時設定為一個賣花盲女，可角色卻十分難找。長得好看的女演員很多，但她們並不會演盲人。他要挑選一個既要裝得像盲人，又不致損及美感的女主角。雖然有很多姑娘自薦，但當她們頭抬得高高的、翻露出眼白時，卓別林就放棄了。

恰逢卓別林在聖莫尼卡海灘休息時，有很多穿泳衣的姑娘在那兒拍電影。其中有一個姑娘向他揮揮手，並問他：

「我什麼時候可以跟你一起拍電影呀？」

這個名叫弗吉尼亞·切瑞爾的漂亮姑娘他以前見過。見姑娘很熱情，卓別林就讓她試鏡，並教她睜著眼要向自己內心裡看，而不是看見與自己面對面的人。

弗吉尼亞很快就領會了卓別林的意思，並且試演得很成功。就這樣，卓別林選定弗吉尼亞作為該劇的女主角。

女主角的問題解決了，接下來就是調配演員的問題了。因為有聲片已經出現了幾年，很多演員都忘記了怎樣演啞劇，他們一心只想著對白，顧不到動作與時間的配合。卓別林又想盡辦法讓他們忘掉對白。

這是卓別林個人的第七十四部電影，開拍之初就趕上經濟大蕭條時期，中間因為更換演員，他又報廢了幾萬公尺的底片，還浪費了幾個月時間。他又將幾個主要場面修改了五十遍以上，最終影片竟耗底片二十五萬餘公尺，成片拷貝的採用率僅為百分之〇點九五。這樣的敬業精神才使得這部影片經得起歲月和歷史的考量。

影片的上映和宣傳也是歷盡波折，最終，卓別林以一絲不苟的敬業精神使電影博得了滿堂彩。很快，影片飈升至票房收入榜首，營利超出投資的三倍有餘，以實力證明了卓別林所創作的無聲片的巨大價值。

第十五章　《城市之光》大獲成功

窮苦既不是可愛的，也不是崇高的，窮苦……只使我歪曲地解釋了價值標準，過高地估計了富人和上流社會的品質和美德。

——卓別林

（一）流浪漢與賣花盲女

《城市之光》的構思早在一九二八年底就已經有了，一直到一九三〇年才逐漸成型。同以往一樣，卓別林設計的故事架構單純而有趣：他要透過流浪漢與賣花盲女、百萬富翁之間的關係來一步步展開劇情。

此時，卓別林手頭上已經有了一個素材，這將是他故事的主軸：一個小丑，因為在馬戲場上出了事故而雙目失明。他不想告訴女兒，因為他的女兒是一個多病而神經質的孩子。當他出院時，醫生也囑咐他，要等孩子的身體強健了再告訴她。小丑也怕孩子受刺激，就假裝沒事，但他走路總是跌跌撞撞，讓小姑娘看了哈哈大笑，還以為父親在表演呢。

這個故事挺令人傷感的，卓別林又把故事進行了改良，就有了盲人賣花姑娘的形象。

故事該如何展開呢？這個次要情節卓別林醞釀了好多年，這回終於能派上用場了：

（一）流浪漢與賣花盲女

富翁俱樂部的兩個會員閒聊，他們認為：人們清醒時是不可靠的。於是，他們就用河濱馬路上一個睡熟了的流浪漢做實驗。他們把流浪漢送進寓所裡，讓他恣意享受美酒、聲色之樂，等他爛醉如泥時再把他送回原地。當流浪漢酒醒後，根本不相信自己所經歷的一切，以為自己做了一場夢。

這個題材讓卓別林想到：流浪漢救了富翁的命，當富翁沉醉時和流浪漢很要好，可清醒後就不理睬他了；而流浪漢又在盲女面前假扮富翁。

這樣，兩條線索就能串起來了。他又把之前想過的一個「沉水自殺」的情節加入其中，重新排列組合就構成了下面的故事：

一個城市的的雕塑紀念碑落成，許多市民和各界人士都圍攏來觀看揭幕式。當幾個大人物將繩索拉開的時候，三個身體裸露的銅像上居然躺著一個睡著的流浪漢（卓別林飾）。

人們驚愕萬分，也議論紛紛。一片喧譁聲將流浪漢吵醒了，當他看清楚自己是睡在裸露的女塑像身上時，羞得趕快慌張地沿著塑像腿部溜下去。

這時候，一系列幽默的表演開始了：

流浪漢的褲腰被塑像的大腳趾頭掛住，整個身體吊在半空，他只得不斷掙扎。廣場上更加混亂，市民們哄堂大笑……

最後，流浪漢終於擺脫了雕像，向市內公園旁的大街走去，排著長龍的汽車將馬路堵得水洩不通。流浪漢靈機一動，從空車裡左邊車門進入，從右邊車門出來，來到了馬路對面。而此時，一個盲人姑娘正在這裡賣花。聽到車門聲後，她以為有個富翁下了車，便向他兜售鮮花。

流浪漢看到姑娘如此可憐，便心生憐憫，並紳士般地付出他僅有的一個銀幣。姑娘拿到銀幣非常開心，還讚揚他的好心。可流浪漢卻不小心把姑娘手裡的花碰掉了。

看到她蹲下去摸來摸去，他才發現這女孩看不到，於是趕緊幫她找到花，再送到她手上，流浪漢跟姑娘道了別。

這時，一個富翁正開走停在街邊的汽車。姑娘以為恩人已走，便到水池邊洗手。流浪漢則倚在旁邊看著姑娘的一舉一動。姑娘洗完手，順手一潑，流浪漢滿臉的水……

（一）流浪漢與賣花盲女

當天晚上，流浪漢經過河濱時救起了一個醉鬼。醉鬼是個有錢的富翁，他請流浪漢喝酒，並慷慨地送給流浪漢一些錢和一輛汽車。

流浪漢拿著這些錢買下盲女的全部鮮花，並開車送她回到貧寒的住所，然後他去富翁家還車。這時富翁酒醒，根本不理流浪漢……

盲女病了，流浪漢打工賺錢幫她治病，他還想幫助盲女重見光明。一位維也納醫生幫盲女檢查了眼睛，認為這需要一筆數額不小的錢。流浪漢只得挺而走險地去參加有獎拳擊賽，結果因為身材瘦小單薄，被人從拳臺上打了下來……

流浪漢再次遇見喝醉酒的富翁，富翁又慷慨地給了他一筆錢。此時，幾個強盜剛好入室來搶東西，打昏了富翁後又追趕流浪漢。警察來了，發現了流浪漢的錢包。而清醒後的富翁又不認識他了，情急之下，流浪漢奪回錢包，跑到盲女家中，把錢交給盲女治病。警察抓住了他……

姑娘治癒了，靠流浪漢給的錢在街上開了自己的小花店。衣衫襤褸的流浪漢被從監獄放了出來，他到花店隔著玻璃窗看望姑娘，受到小孩的攻擊。賣花姑娘覺得這個流浪漢很可笑，便同情地施捨些零錢給他。他並不要錢，只想默默地轉身離去。

姑娘送給他一束花的。當接觸到流浪漢的手時，她有一種很熟悉的感覺。當她閉上眼睛觸摸時，終於認出這就是她恩人的手。她既激動，又有些悵然若失。

「原來是你！」

流浪漢憨厚地咬著手指甲，點點頭……

(二) 試映

《城市之光》拍攝了一年多，影片的許多情節都讓人回味不已，而很多女性觀眾也認為這是卓別林最富感情色彩的影片。好的影片讓觀眾欣喜，但對於創作者來說卻是艱辛和繁瑣的工作。

在一旁參觀卓別林拍攝的捷克斯洛伐克記者基許對此深有體會：流浪漢從汽車中出來，盲女以為他是富翁的這一場戲，我們在銀幕上只放映了七十五秒鐘。但為了拍好它，卓別林總共花費七天的時間，一再重拍，直到讓觀眾完全領會他的意圖。

基許回憶，當影片片頭拍完，在試放映的時候，卓別林問基許：

（二）試映

「您可不可以跟我談談，您在銀幕上看到了些什麼？」

基許如實回答：

「當然，我很願意談：一個女郎在街上賣花，這時查理走了過去，……女郎問他要不要買……」

「等一等，等一等，你漏掉了一點東西。」卓別林打斷基許的話，然後用銳利的目光看著基許和他的同伴辛克萊，「要知道，這時候有一輛汽車開過來了！」

基許接著說：

「當然囉，有輛汽車開過來了，一位先生下了車，走過查理身邊，查理向平常一樣跟他打了招呼。」

卓別林又問：

「汽車後來又怎麼樣呢？」

「不知道。」

這時辛克萊補充說：

「我似乎覺得，汽車往前開走了。」

「完了，完了！」卓別林喃喃地嘟噥著，「這下子全糟了。」

原來，是觀眾沒有領會到故事的意圖：汽車一直停在大街拐角的地方。正當賣花女郎接受查理的請求，把第二朵花別上他的衣襟時，那位先生回來了，並坐上了汽車。

卓別林決定重新修改，直到每位觀眾都把它看得一清二楚為止。

同時期的電影導演亞歷山大．洛夫在後來回憶卓別林時也說：

「我很幸運地在好萊塢參觀過拍攝《城市之光》的工作，看到卓別林如何將這個影片拍一場引人發笑的戲。流浪漢查理賺到錢以後，就到自己所愛的盲女家中去，他在路上碰到一個乞丐。這不是一個普通、平常的乞丐，而是一個特別的、拿著機器的乞丐：他坐在人行道上，手裡拿著一個鎳製的小錢櫃，每次得到施捨時，都打出一張收據交給施主。流浪漢對於這種玩藝兒很感興趣，特別喜歡錢櫃裡發出的鏗鏘的聲音。於是，他就一個接一個地把自己的硬幣全都給了乞丐。當他一個錢也不剩的時候，他的手裡就換成了一大把收據……」

（二）試映

在拍攝時，幾乎在場的所有人都很喜歡這場戲。在試映廳裡，大家也看到了這場戲，並都為這一片段俏皮而出色的演出而感到高興。可是，《城市之光》在拍好之後，這一場戲並沒有出現。

當亞歷山大．洛夫問起原因時，卓別林解釋說：

「這種場面在別的影片中有存在的權力，可是，我所追求的是另外一種效果。這場戲的效果是以機器的特殊效果為基礎的，而我認為藝術中主要的東西還是人。」

正因為如此，卓別林成熟時期的電影才不會重複，而且，每部都以其獨特的魅力和特色而聞名於世。

電影拍攝完成後，多才多藝的卓別林又自己作曲，音樂柔美而富有浪漫氣息，他想以此來襯托流浪漢的個性和片中的主題。但是，仍然有人不解地問他：

「這是喜劇片，你為什麼不配上滑稽有趣的曲子呢？」

「我不要音樂喧賓奪主，我要它優美悅耳地配合著表達感情。一部藝術作品，如果感情沒表達出來，它就是不完整的。」卓別林微笑著回答說。

(三) 大環境改變

影片的試映過程也充滿戲劇性，如同試映《孤兒流浪記》時一樣，卓別林依然沒有聲張。由於經濟蕭條，他選的這家戲院只有一半的座位有人，另一半則完全空著。這些觀眾根本就沒有想到他們看的會是一部無聲喜劇片。當電影放映了一半時，他們才從迷茫中醒過神來，並且發出一些輕微的笑聲。如同卓別林所設想的一樣，觀眾觀看電影的興致很高，並時不時地發出大笑。

結束後，戲院經理笑著對卓別林說：

「查理，影片十分精彩。」

卓別林微笑了一下。

但接下來的話卻讓卓別林怎麼也高興不起來：

「下一次，我想看到一部有聲的。查理，全世界的觀眾都在等著啦。」

（三）大環境改變

卓別林又勉強擠出了一絲笑容。透過試映，他已經心中有數，但推廣工作依然困難重重。這時，有聲電影已經大行其道三年了，各大公司對卓別林的態度都相當曖昧。聯藝公司經理喬・申克甚至警告卓別林說：

「現在已不比放映《淘金記》的時候啦。」

這讓卓別林的這部無聲片面臨著很大的風險，一般電影院已不準備給他以前那麼高規格的待遇了，輪流上映的大電影院線也看別家公司的行動再做打算。而最大的電影市場紐約方面則痛快地表明了自己的態度：所有的電影院都已被預定，卓別林先生如果要放映新片只能排隊等候了。

一時間，所有的人都慌了，但卓別林依然心平氣和，他迫切需要找個地方公映，進而開展推廣。工作人員跑遍了紐約的各家戲院，最後在一家根本不適合放映電影的戲院談妥了放映條件。雖然老闆獅子大開口，每週索要租金七千美元，但保證放映滿八周。就憑藉這點，卓別林答應了如此苛刻的條件。

第十五章　《城市之光》大獲成功

另一方面，李維斯在洛杉磯市區找到了一家剛落成的新電影院作為舉行首映的地點。卓別林還請來了他們的朋友愛因斯坦夫婦。那家新影院附近幾條街都擠滿了想看電影的觀眾，警察局只得派出了警車、救護車。

新電影院老闆顯然還不會放映電影，在卓別林的指導下，第一個鏡頭終於出現了。五分鐘、十分鐘後，觀眾們漸漸發出了笑聲，接著大笑不止。

劇情發展到最關鍵的時刻，銀幕上的影像居然消失了。影院內燈光齊明，麥克風裡傳來電影院老闆的聲音：

「先生們，女士們，在繼續放映這部精彩的喜劇片之前，謹讓我占用諸位五分鐘時間，介紹一下這個美麗新影院的優點……」

卓別林氣得直跳腳，衝向前排進行抗議：

「那狗娘養的混蛋老闆在哪兒？我要宰了他！」

觀眾們也都紛紛表示出不滿，擊掌、發出噓聲，老闆不得不停止了他蹩腳的廣告宣傳。電影繼續放映，笑聲又起……

直到最後一個鏡頭，觀眾起立為大師鼓掌。

（四）首映

四天之後就是聯藝公司的全面公映了，卓別林趕緊馬不停蹄地奔赴紐約。到了之後，他又大吃一驚：聯藝公司對他的新片相當低調，只在報上登出一條例行公事的啟事：

「我們的老朋友又要和我們見面了。」

卓別林氣急了，他警告那些職員們：

「不能全憑觀眾對我個人的好感，必須要向他們做廣告。要知道，我們是在一個平時不放電影的戲院放映。」

卓別林很清楚宣傳的作用，他花三萬美元在紐約最大的報紙用半個版面，接連三天向影迷觀眾發出新電影廣告：

查爾斯．卓別林在《城市之光》中演出

假座科漢大戲院

全天各場連映

票價五角至一元

接著，他又花了三萬美元在戲院門口豎起一塊大廣告招牌，自己動手試驗放片，定下銀幕上的影片大小，矯正有差距的地方。

第二天，卓別林又舉行了記者招待會，談自己堅持拍這部無聲片的理由。但他定的票價讓聯藝公司的同仁們十分擔心，在當時輪映的各大電影院，放映有聲電影的首輪影片定的票價最低三點五角、最高八點五角，演員還親自亮相與觀眾見面；而卓別林的這部新的無聲片票價定為最低五角、最高一元，比他們多出了許多。因此，聯藝公司的職員們都擔心這樣更沒有人去看了。

但卓別林跟他們的想法正好相反，他說：

「正因為我們放映的是一部無聲電影，就更需要抬高它的票價。」

公映的前一天晚上，卓別林一直忙到半夜。當所有工作都準備妥當後，他才放心地回去睡覺了。

第二天中午十一點，當卓別林還在睡夢中時，負責宣傳的職員便興奮地衝進他的臥室，大聲喊道：

「夥計，真有你的！一炮打響，上午十點起，排隊買票的人繞過了整個街區，交通堵塞了。觀眾都爭著搶先進影院，去了十個警察維持秩序。你趕緊起來去看看吧。」

洛杉磯劇院的對面是擁有三千個座位的派拉蒙影院，當時正上映走紅的有聲片《風流寡婦》，擔任主角的是歌星、法國著名演員莫里斯，一週賣座三點八萬元。而與之相比缺少了一半多座位、僅有一千一百五十座的洛杉磯劇院放映卓別林的無聲片《城市之光》每週收入高八萬元，並超出合約連映了十二周。

紐約輪映網的大影院也看到了該片的商機，紛紛要求洛杉磯劇院停映，隨即高價訂下了這部影片。

這一年的晚些時候，卓別林登上了「奧林匹克」號輪船，去倫敦主持《城市之光》在歐洲的首映。這一年是一九三一年，與上次回國相比，又過了十年，古老的倫敦街頭到處都是歡迎他的人群，並打著「查理仍然是我們的寵兒」的標語。

不出意外，卓別林這次又見到了許多名人：文豪蕭伯納、著名經濟學家凱因斯、原首相勞合·喬治、當時的海軍大臣邱吉爾。

（四）首映

第十五章　《城市之光》大獲成功

《城市之光》設在倫敦西區首映，雖然當天暴雨如注，交通不便，但倫敦的觀眾依然爭相先睹為快，冒雨前往。在自己的國家出席自己的影片首映，卓別林心情非常激動。蕭伯納看完這部影片後，讚譽卓別林是「電影界獨一無二的才子」。

卓別林藉機還遊覽了英國、法國，一方面休養，一方面也找尋新的靈感。他到法國後，見到了許久未見的哥哥雪梨。哥哥早已在法國南部港口一個風景秀麗的地方尼斯安了家。各自忙於事業的兄弟倆也很少見面了。

在雪梨的陪同下，卓別林還遊歷了義大利，隨後他想經過亞洲再返美，遊覽了埃及、開羅、突尼斯、卡薩布蘭卡等北非城市，又去了新加坡。在那裡，他看了三天的歌劇，看到一位十五歲的女子竟然氣勢如虹地飾演男性角色，他覺得尤其驚奇，說：

「有時候你不懂得一國的語言，反而對你更好。我從來不曾像看到那最後一幕時感動至深，也從來不曾聽過那種很不調和的樂調：如泣如訴的絲弦，雷聲震響般的銅鑼，再有那充軍發配的年輕王子，最後退場時用尖厲沙啞的聲音唱出了一個淒涼絕望的人的無限悲哀。」

第十六章　最後一部無聲影片

財富與名聲教我學會了怎樣以正確的眼光去看待上流社會，在接近那些知名人士時，發現他們是和我們同樣具有缺點的。

——卓別林

(一) 遇見新歡

一九三二年底，卓別林經過近十個月的旅行，回到了比佛利山的家中。對他來說，一切都是那麼寧靜、安詳，但安詳中也透著一絲寂寞的味道。母親已逝，哥哥也不在身邊，最親愛的朋友道格拉斯還和瑪麗分手了，他再也不能去他們家裡做客了。

卓別林感到前所未有的苦悶，他獨自散步，獨自吃飯，獨自想著該何去何從。他到電影廠去處理一些小事，發現這段時間連好萊塢都發生了巨大的變化，製片廠的寧靜和諧被打破了，複雜的配音設備占據了房間的大半部分，操作設備的人坐在配備複雜、電線盤亙的機器旁，而演員就在他們面前表演。

「一個人周圍那麼多亂七八糟的東西，你叫他怎麼從事創作呢？」對眼睛的情境，卓別林簡直無法忍受。

幸虧一個好消息讓他稍微有點欣慰，那就是《城市之光》已淨賺三百萬美元，他每月會有幾十萬美元的入帳。他需要找點樂子，老友喬·申克看出了卓別林的心事，便約他去遊艇上度週末。

（一）遇見新歡

在遊艇上，年輕漂亮的女孩們頓時讓卓別林忘卻了煩惱。他和其中的一位女子最為投緣，她叫波萊特．戈達德，剛剛離婚了，正打算用前夫留給她的贍養費大幹一場。卓別林憑著對電影行業的瞭解，阻止了她不切實際的投資打算。這樣，兩個人便成了要好的朋友。週末，他們常常一起出遊、漫步。漸漸的，兩顆寂寞的心開始靠攏。

他們最感興趣的是去聖佩德羅港灣看遊艇。波萊特．戈達德建議卓別林也買一條船，那樣他們週日就可以到附近的島嶼遊玩了。在看了三次之後，卓別林便與船主商談好了價錢，然後偷偷買下了這艘船。

卓別林還悄悄地作好了航行到聖卡塔利娜島的準備，購置了各種必需品和食物，請好了船長和廚子。一切準備就緒後，他對寶蓮說：

「我們再去看看那條船吧。」

寶蓮實在不好意思再去了，但拗不過卓別林的遊說，勉強跟他來到了船上。

到了船上，裡邊都佈置一新，廚房裡飄出來煎火腿蛋的香氣……

卓別林還在逗寶蓮說：

第十六章　最後一部無聲影片

「船長不在，這裡有火腿煎蛋、麥餅、土司、咖啡。」

寶蓮疑惑地四下打量，認出了卓別林家的廚師弗雷迪。

這時卓別林才承認說：

「這條船現在已經是我的了。吃了早點，我們就去聖卡塔利娜島游泳吧。」

寶蓮興奮得簡直呆住了：

「等一等，請等一等。」

她走下遊艇，在碼頭上跑了幾十公尺，然後兩手捂住臉激動不已。她簡直不敢相信，她太高興了。

回到艇上，寶蓮的情緒才平穩下來，說說：

「我非得這樣來一下，才能從突然的驚喜中恢復過來。」

跟寶蓮在一起的日子是愉快的，他們乘遊艇出海，參加宴會，觀看賽馬，時間過得飛快，他們竟渾然不覺。

直到有一次，當他們到墨西哥提華納市遊玩時，正趕上當地舉行賽馬大會，他們應邀出席，主持人請寶蓮去給獲勝的騎師授獎。

在頒獎時，寶蓮逗趣地模仿了一下肯塔基交際花的語氣和動作，敏銳的卓別林一下子就抓住了這個瞬間，一個新的靈感在他的腦海裡閃現著：如果一個流浪漢和一個流浪女郎相遇在一輛擁擠的囚車裡，知情識趣的流浪漢把位子讓給流浪女坐，這將是多麼精彩的一段啊……

同之前一樣，當腦海中有了新的點子後，他就會讓其迅速地蔓延開，並把生活中的所見所聞以及所觀察的訊息融匯期間，創作出有趣的劇本來。

（二）摩登時代

一九三三年初，經濟大蕭條的風暴席捲了美國，到處是失業、破產、倒閉、暴跌，到處可見人們痛苦、恐懼和絕望的神情。白宮也迎來了新主人，無能為力的胡佛被堅忍、樂觀的羅斯福所取代。

在宣誓就職時，羅斯福發表了一篇富有激情的演說，其中有一句經典的話是——「我們唯一害怕的就是恐懼本身」。

卓別林和他的朋友們也在收音機裡聽到了這篇演說。和很多美國民眾一樣，他也對這一套抱有懷疑，但眼前的處境卻觸發了他的靈感。他要講述的故事就發生在這一背景下，但是，切入點在哪裡呢？

一次聚會為卓別林打開了思路。這天，卓別林將想去汽車之城底特律看看的想法告訴給一起吃飯的《世界報》記者，這位年輕記者講述了關於那兒的見聞給卓別林：

鄉村中的健康年輕人被大工業吸引到工廠裡，在輸送帶一類高效率的裝置下，連續四五年進行著長時間、高強度的工作，既辛苦又危險，精神上相當緊張，身心受到嚴重的摧殘。而工廠經理為了賺取更多的利潤，如果那些工人多上幾次廁所，都會被解僱……

（二）摩登時代

就這樣，工人在工廠的機械化作業下發瘋的情形在卓別林腦海中形成了。他迅速開始構思這部作品，並將它命名為《群眾》。他還邊寫邊設計各個角色與場景鏡頭。

到一九三四年夏，卓別林完成了這部電影完整的分鏡頭劇本，並將電影更名為《摩登時代》，副片名為《關於生產、個人進取心和追求幸福人的故事》。電影描寫的是一位普通工人的命運：身穿工作服的查理在輸送帶上做著簡單而重複的鎖螺絲的工作，那條輸送帶似乎永遠沒有止境，工人連上廁所的時間都沒有……

一九三四年十月，《摩登時代》在好萊塢開拍。為了達到真實的效果，卓別林不惜工本花五十萬元在洛杉磯的碼頭區搭起了工廠區與街道。而且為了使寶蓮的扮相更加可信，卓別林甚至還將油汙塗抹到這個可人兒的臉上；為了顯得真實，就連衣服上的補丁都清晰真切。藝術性也是必須的，但還不能遮擋寶蓮的迷人風姿。

凡是所能想到的細節卓別林都做到了，這樣辛苦工作了十個月之後，一九三五年七月，《摩登時代》終於拍攝完成，卓別林還在朋友的幫助下完成了譜曲和配樂。全片耗費七萬公尺底片，製成後全長兩千三百二十公尺。

第十六章　最後一部無聲影片

一九三五年夏天，卓別林首次在他的製片廠舉行了記者招待會，宣布創作、拍攝了三年的作品名稱。年輕的新聞記者走進這家保留著十七年前的、手工業式的矮小廠房，他們看到卓別林的拍片現場感觸良多。如今，只有他一個人還在拍無聲片了。他們更多地是懷著追憶的心情參加了這次採訪：

「看卓別林導演《摩登時代》，使人追憶起電影史上前十年情況。這家製片廠和要求絕對保持肅靜的好萊塢有聲電影製片廠成了一個對比，拉布雷亞路的製片廠是世界上最後一個可以在拍攝時大聲喧鬧的製片廠。在令人難以置信的喧鬧聲中，執行導演工作的卓別林正在用那些早已為別人所放棄的方法，拍攝最後一部無聲電影。」

雖然卓別林的製作方法「老套」，廠房也不如其他的製片廠華麗、氣派，但這部無聲電影依然獲得了巨大的成功。電影僅上映一週就打破了紀錄，而新聞記者也如實記錄了這樣的場景：

「大批警察努力維持電影院入口前的秩序，因為上萬的影迷把百老匯大道擁塞住了……」

（三）告別無聲時代

影片延續了卓別林一貫的喜劇風格，同時又增加了更為強烈的社會批判性，因而具有更加深刻的歷史意義。

片頭一開始就是經典的蒙太奇鏡頭：一大群羊衝過一扇柵欄門，緊跟著是一大群工人湧出地鐵到工廠去上班……

為了提高效益，董事長在廠房裡安裝了電視螢幕和監視裝置，以監視裡面的每個角落和每個工人。查理（卓別林飾）一刻不停地鎖緊輸送帶上運送的大螺絲帽，他想搔搔癢，馬上其他工人就跟不上了。他想休息一下，去抽根菸，被經理從監控中看到，斥責他趕緊去工作……

一個發明家向經理推薦了自己發明的「自動餵飯機」，讓工人吃飯時還可以幹活。經理讓查理來試試這個新玩意兒，結果笑料百出：「自動餵飯機」運轉失靈，查理被強行餵進去三個螺絲，滾燙的湯澆了他的臉上…

第十六章　最後一部無聲影片

顯然機器不好用，經理拒絕引進。查理工作的小組進度太慢，經理讓加快機器的運轉速度，查理只能拚命地鎖螺絲，他被捲進機器裡也渾然不覺。被救出來後的查理精神失常了，看到圓形的東西就想鎖；看到女祕書衣服的鈕扣，也追過去想要鎖緊它……他被送到了瘋人院。

出院的查理誤打誤撞地又被投進了監獄，他在監獄裡立了功被提前釋放，又被介紹到造船廠工作，結果他把一條尚未造好的船放下了海……

到處都是失業的人群，查理想到只有再回監獄才能吃飽飯。他開始想方設法犯法，在車上邂逅因偷搶食物被捕的流浪女郎（波萊特．戈達德飾），並愛上了她，兩人逃離了警車。

隨後，查理又在一家大百貨公司找到一份守夜的工作，他為了女友還兼穿滑輪鞋進行表演（此刻，卓別林的冒險天賦表現了出來，他蒙上眼睛，在一處損壞的樓口進行表演），最後被當成竊賊入獄。而流浪女郎則找到了一份舞女的工作。查理出獄後，她推薦查理去當侍者，還要進行表演。為了餬口，查理只得唱了一首《我在尋找蒂蒂納》。正好孤兒院的人又追趕到這裡，他倆逃出酒店，向更深的前方走去……

（三）告別無聲時代

《摩登時代》是世界上最後一部無聲故事片。在拍攝這部影片中，卓別林依然是矛盾的。在影片將結束時，他唱了一首歌，混用英、德、義、俄、西班牙合成的這首歌至今為世人傳誦。

新聞媒體也把對影片的關注放在了這首歌上，甚至打出大字標題：

「夏爾洛終於開口！」

「流浪漢第一次發出了聲音！」

「卓別林以一首歌來告別了他的無聲時代。」

……

一個人不可能戰勝一個時代，即使如卓別林般智慧而富有才氣者亦然。卓別林用這首歌與他的無聲片做了最後的告別。

第十七章 《大獨裁者》

有了財富和名聲，我才知道輕視寶劍、權杖和馬鞭的象徵，將它們看作是勢利的標準。

——卓別林

（一）嘲笑希特勒

《摩登時代》對主角的命運做了突出的刻劃和描寫，它引起了某些人的不滿，甚至是觸怒了一個國家。德國的法西斯頭子希特勒剛剛掌權，就下令全國禁映這部影片；美國的一些評論家也指出卓別林的這部影片的政治傾向是完全接近共產主義，他明顯地宣稱自己是個大實業家和警察的敵人。

這些爭論讓卓別林不勝其擾，他不想聽到關於這部電影的任何消息，便決定出去渡假。恰巧當他和寶蓮剛到舊金山，看到隨運的行李上打著「中國」的標籤，便決定一起去中國。寶蓮還說，去中國是她的一個夢想。

「可是我們連衣服都沒帶啊？」

「到那裡再去買好了。」

就這樣，卓別林和寶蓮來到檀香山，到了被稱作「東方之珠」的香港。在浪漫的南中國海濱，他們祕密結婚了。隨後半年的蜜月旅行讓卓別林的神經徹底放鬆下來。

等到他們再度回到貝弗里時，製片經理告訴卓別林：他又一次成功了，《摩登時代》在全歐洲風靡；而寶蓮也因為這部影片一炮而紅，派拉蒙公司聘請她拍了好幾部電影。但是，卓別林自己卻愁雲不散，他既為啞劇藝術的過時而感到惋惜，又發覺自己若拍有聲片一定不會超過默片的成就而躊躇不前。

卓別林經常與寶蓮各忙各事，兩人的感情也日漸生疏，漸漸分歧也增多了，這樣的裂痕讓兩人的婚姻再度走到盡頭。

感情始終不是這位藝術家生活的重心，很快，卓別林又將滿腔精力投身於他所熱愛的事業中去了。

一九三七年，世界局勢風雲變幻，以德國為首的協約國締結了反共產國際同盟。世界大戰一觸即發。

早在一九三三年初，希特勒出任德國總理時，就已開始了加緊迫害民主人士和猶太人的步伐，擴軍備戰的野心也一點點顯露出來。卓別林在那時就注意過這個人，他曾收到美國記者范德比爾特訪德時寄給他的一套明信片。

明信片上是一套希特勒演說的畫面。他在向人們大聲疾呼，手掌彎曲的像兩個爪子；還有一張他敬禮的，右手向斜上方揮起。卓別林覺得可笑極了，看到他那個樣子，就想在他手上放上一疊齷齪的盤子。

而希特勒的模樣更讓他驚異：鼻子下一小撮整齊的鬍子，腦袋上豎起幾根亂髮，像極了卓別林扮演的夏爾洛。但這人卻不像夏爾洛那般善良，他甚至是殘忍的，卓別林的好友愛因斯坦夫婦就因為希特勒的迫害而離開德國流亡美國。希特勒還設立了集中營，迫害猶太人。他所率領的納粹為了發動戰爭不顧一切的卑劣行徑讓卓別林氣憤不已。

一九三七年，卓別林放下正在為寶蓮創作的劇本，打算寫一部與當前局勢有關的劇本。恰巧英國電影導演、製片人科達在與卓別林的聚會中談到：可以編一部關於希特勒和流浪漢的故事。他們的外貌很相似，都留著小鬍子，透過面貌的誤會能夠引出許多笑料。

卓別林當時並沒有在意這個提議，他覺得希特勒只是個可笑的瘋子。但隨著戰爭烏雲的逼近，他的想法有了改變，這部新的有聲片也有了突破點。他可以一人分飾兩角，讓希特勒信口胡說，而流浪漢夏爾洛還可以不開口。

（一）嘲笑希特勒

這是個一舉兩得的好機會，他可以盡情地嘲笑、模擬這個人物。主線有了，卓別林開始全身心地投入到工作當中，直至一九三九年春，歷時一年半的劇本創作終於完成了。隨後，卓別林又用三個月的時間完成了分鏡頭劇本。

卓別林將自己的這部精心拍攝的影片命名為《大獨裁者》。

（二）分飾兩角

在《大獨裁者》中，卓別林構思了德曼尼亞王國獨裁者、雙十字黨黨魁興格爾和猶太理髮師兩個主角。他們相貌相似，均由卓別林扮演。還有一個猶太姑娘漢娜，由寶蓮扮演。

在片頭字幕中，卓別林寫道：

「雖然獨裁者興格爾和猶太人理髮師兩人完全相像，但那不過純粹出於巧合而已。——這裡敘述的是在兩次大戰之間，瘋狂支配了某一時期的故事。這個時間，自由遭到踐踏，人性被橫加蹂躪。」

（二）分飾兩角

故事開始於第一次世界大戰的戰場，德曼尼亞王國軍隊的長射炮陣地上，有個小個子士兵（卓別林飾）把碩大的砲彈裝入炮筒，司令官隨即命令他們對準巴黎聖母院開炮，結果沒有命中。再次發射時，砲彈爆炸。小個子士兵本來是個猶太理髮師，結果被強行帶來當兵。他無意中救了飛機機師，但自己卻得了腦震盪，戰後被醫院長期收留治療。

德曼尼亞王國戰敗了，國內發生了政變，雙十字黨領袖、小個子興格爾成了統治者。國內到處飄著雙十字黨黨旗，塗抹著巨大的雙十字。

興格爾發表演說，稱「要為了擴張要勒緊褲帶」。於是，一隊高級官員，特別是肥胖的赫林元帥馬上站起勒緊褲帶，結果褲帶斷了……

興格爾瘋狂地演說，聲音如同鬼哭狼嚎。他太激動了，連他面前的麥克風架子都被烤彎了。他殺氣騰騰的架勢把麥克風嚇得都連連倒退……

興格爾要了杯水潤嗓子，卻將剩下的水倒進了褲子裡……

演講終於結束了，興格爾離開廣場，大街兩旁的雕塑藝術品「維納斯」、「沉思者」全都舉起右手，向他行禮。

第十七章　《大獨裁者》

由於興格爾對待猶太人的嚴苛政策，整個猶太街區都被恐怖的氣氛包圍著，黨衛軍士兵們打碎猶太人的店鋪，搶他們的東西，洗衣女孩漢娜與這群畜生鬥爭……

理髮師的身體漸漸恢復了，但他的記憶還沒有完全恢復。他溜出醫院，回到自己的理髮店，與蠻橫計程車兵發生了衝突。理髮師寡不敵眾，被士兵們強行帶走。

這時，黨衛軍司令官修爾茲經過，認出了他的救命恩人。而理髮師也完全恢復了記憶，理髮師的理髮店暫時得到了安寧，他也與漢娜產生了感情，鄰居賈克爾成全了他們。

興格爾擴軍備戰，想在國內設立集中營，以致國庫空虛，他只得向銀行家們借錢。但正直的銀行家都不打算借錢給他，只有一個人肯借，但他是個猶太人。無奈，興格爾只得暫停鎮壓猶太人。

興格爾在辦公室裡轉動著地球儀，妄圖稱霸世界。他把地球儀頂在手指上，自己又趴在桌上，用屁股一頂，地球儀升上半空。突然，「嘭」地一聲巨響，地球儀居然爆炸了，膽小如鼠的興格爾嚇得抓著窗簾往上爬……

（二）分飾兩角

修爾茲越來越厭倦戰爭，他想讓理髮師和他的朋友們炸掉興格爾的總統府。他們召開會議，用抽籤的方式決定誰去執行任務，結果漢娜耍了詭計，在每份點心裡都放了銀幣。而不知情的人們都把自己的銀幣放在了理髮師的碟子裡，理髮師誤打誤撞吞了四枚銀幣。經過漢娜的勸阻，他們沒有貿然行事。

由於正直的修爾茲不同意鎮壓猶太人，興格爾以叛國罪抓他入獄，理髮師也被關進了集中營。他們兩人相遇，並設法逃跑，逃到了邊境時，正遇到興格爾和他的部隊。興格爾裝作獵野鴨子，等待進攻的時刻。剛巧在划船時一不小心，船翻了，興格爾掙扎著爬上岸，卻碰上了前來抓修爾茲和理髮師的衝鋒隊員。他們錯把這個獨裁者當成了理髮師，將興格爾抓了起來。

與此同時，修爾茲和理髮師卻被興格爾的部下所救，並且恭恭敬敬地請他們上車。理髮師乘車來到了奧斯特萊赫的首都廣場上，一場軍隊演講正等待著他。

此時，卓別林所飾演的理髮師發表了一篇慷慨激昂而又感人肺腑的反戰宣言，這一篇六分鐘的演說其實已不是演員在表演了，而是卓別林在渲洩內心的情感，是讓觀眾聽到自己的內心世界。

（三）納粹的恐嚇

在這六分鐘的演說中，卓別林講道：

對不起，但我不想成為什麼皇帝。那不是我的事情。我不想統治或征服任何人。我想要幫助每一個人，猶太人、非猶太人、黑人、白人，我們要彼此幫助。人類就應該那樣。我們要幸福的生活，而不是悲慘的。我們不要彼此憎恨。……

在這個世界中，土地是富足的，它能養育每個人。生活可以是自由且美好的，但是我們迷路了。貪婪侵蝕了人們的靈魂，用憎恨阻隔了世界，我們一步步走向血腥。我們飛速發展，但同時又自我封閉。工業時代讓我們物慾橫流，我們的知識讓我們玩世不恭，我們的智慧讓我們冷酷無情。我們考慮得太多而感知得太少。除了機器，我們更需要人性；除了聰明，我們更需要仁慈和溫順。沒有這些品質，生活將充滿暴力，一切將不復存在。

那些聽到我言辭的人們，不要絕望！凌駕於我們之上的悲慘只不過是短暫的貪婪，只不過是那些害怕人類進步的人的痛苦而已。人的憎恨將會過去，獨裁者終將死去，被他們奪走的權力將會回到人民的手中。只要人們活下去，自由將會無法毀滅。

……

卓別林這篇激情滿懷的演講獲得了褒貶不一的評價，有人讚嘆他的勇氣，是電影史上一個前所未有的創舉，觀眾們還寫了許多封熱烈讚揚它的信寄給卓別林；但更有人從劇情和人物性格加以考慮，認為理髮師不可能說出這樣的話來。

其實，這部電影的歷史價值和現實意義更大於它在藝術上的討論。《大獨裁者》更像是一篇戰爭檄文，為所有喜愛和平的人們帶來勇氣和希望。它出現在第二次世界大戰期間，當時戰局尚不明朗，以希特勒為首的協約國占據戰爭的優勢，同盟國的戰事節節敗退，而這部影片出現得十分及時，給人們以對抗邪惡的勇氣。因而，它的現實意義超越了它的藝術價值，儘管它的藝術價值也是不容忽視的。

（三）納粹的恐嚇

事實上，在納粹分子剛剛獲悉《大獨裁者》的拍攝計劃後，就曾想方設法施加壓力給卓別林，阻止他繼續拍攝。

第十七章　《大獨裁者》

一天，卓別林又收到了一些納粹分子和親納粹者寫來的恐嚇信，他懶洋洋地看著。這時，一個臉色發白的工作人員急匆匆地衝進攝影棚，手上是一個厚厚的牛皮紙信封：

「查理，這是剛才在大門口撿到的。」

納粹分子在信裡叫囂地恐嚇卓別林道：

「如果你不停止拍攝這部電影，將來無論在哪個城市、哪座影院放映它，我們就要在那裡放臭氣彈，向銀幕開槍！」

卓別林氣憤極了，這是他精心設計了兩年的心血之作，在拍攝之前光佈景他就花費了五十萬美元，所以他是不會放棄的。

聯藝電影公司也向卓別林發出了警告，此時希特勒雖然還沒有進攻到英法等歐洲國家，但美國電影攝製發行會主席認為：拍出這樣帶有強烈傾向的影片恐怕很難透過審查，因此不如放棄。但卓別林不能放棄，此時影片的攝製已經到了最後階段，已經花費了兩百萬美元，這些錢他不能白扔；而且戰爭在即，他就是要嘲笑那個戰爭狂人。

卓別林把那些恫嚇信扔到廢紙簍裡，嘴角浮起一絲笑意，輕蔑地說：

「沒什麼了不起，那就讓他們開槍吧。我非要嘲笑希特勒不可！這就是我的回答。」

一九三九年四月二十一日，卓別林在報上發表公開聲明：

「我希望《大獨裁者》可以從電影本身和內在含義上呈現出人類，至少是某些人在面對一個愛蠱惑人心、愛大聲說話、愛用拳頭砸桌子的人時，這些人所表現出來的令人難以置信的狂熱。」

（四）全面反戰

影片繼續拍攝，卓別林也加強了製片廠的警衛。一九三九年九月一日，希特勒不宣而戰，進攻波蘭。九月三日，英、法對德宣戰，第二次世界大戰全面爆發。消息越來越壞，邱吉爾臨危受命，出任英國首相……

第十七章　《大獨裁者》

人們需要同仇敵愾，全世界人民反對法西斯的熱情日漸高漲。影片發行商們對卓別林的態度也發生了大逆轉，幾乎所有的影劇院都希望儘快上映卓別林的《大獨裁者》。聯藝公司紐約辦事處成了信件的中轉站，所有信件都異口同聲：

「趕快拍完你的影片，所有的人都在等著！」

卓別林夜以繼日地趕拍，好友道格拉斯．范朋克來到他的製片廠看拍外景。他看到裡頭的鏡頭，放聲大笑：

「我真想早點看到這部影片。」

然而，卓別林的這位摯友卻沒能完成自己的心願。不久，道格拉斯突發心臟病去世了。

一九四〇年，《大獨裁者》正式上映，人們晝夜排隊，爭相觀看，兩家影劇院連映了三個多月。隨後，影片被運到英國，儘管那裡還在打仗，但觀影的人數依然盛況空前，尤其是卓別林最後的演講鼓舞了那些正蒙受戰爭之苦的家鄉人民。毋庸置疑，它打破了卓別林的影片連續上映和賣座的紀錄。

不可一世的戰爭狂人希特勒聞訊後暴跳如雷，竟下令立即處死遠在大西洋彼岸的卓別林。他惱羞成怒地揮舞手掌大聲咆哮：

「可惡，可惡，這個該死的小丑！」

而此時，他才是最可笑的那個人。

《大獨裁者》陸續在盟軍部隊中和歐洲、北美、南美、亞洲、澳洲、非洲上映，受到了空前的歡迎和好評。

卓別林用他的演技征服了世界，他一人分飾兩角，兩人性格與氣質截然相反，猶太理髮師可愛、可悲，讓人笑中含淚；獨裁者興格爾可惡、可恥，使人笑中帶恨。影片還利用隱喻將現實中的希特勒揭露得體無完膚，結尾的演講也大快人心。

有文藝理論家貼切地評價了《大獨裁者》，稱它是一部「笑與怒的史詩」。這部影片還曾獲得奧斯卡獎的三項提名，但由於「非美活動委員會」橫加干涉，最終沒有獲獎。

影片拍攝完成後，熱愛和平的卓別林還參加了反戰演說，並得到了美國總統羅斯福的接見。

（四）全面反戰

第十七章 《大獨裁者》

一九四一年，希特勒襲擊俄國，日本偷襲珍珠港，美國也加入了反法西斯同盟，響應俄國人「開闢第二戰場」的呼籲。卓別林將自己的兩個兒子小查理和小雪梨送入軍隊，自己仍然不遺餘力地參加各種反戰活動。

戰爭的形勢終於開始發生了逆轉，然而在卓別林的家中，一場新的戰爭也爆發了：他和寶蓮的婚姻終於走到盡頭。

其實就在卓別林寫《大獨裁者》劇本時，寶蓮就做過一件讓他氣惱的事：她帶來了一個年輕人，聲稱是她的代理人，並且這個人還對卓別林提出要求：

「你瞧，卓別林先生，自從《摩登時代》放映以來，你給寶蓮的報酬是每週兩千五百元。但是，我們還有一樁事情沒跟你算帳，那就是她的廣告問題，她的廣告應當在全部海報中占百分之七十五……」

這是自己和寶蓮的事，為什麼要一個外人過來指手畫腳？對此，卓別林很生寶蓮的氣。他大聲喊道：

「這是怎麼回事？給她登什麼廣告，用不著你來對我說！我比你更會關心她！給我出去，兩個人一起出去！」

（四）全面反戰

雖然此後夫妻倆還能和平相處，而且卓別林仍然讓寶蓮擔任《大獨裁者》的女主角，但他們的感情已經消失殆盡了。在合作拍攝《大獨裁者》時，他們的意見又出現了不同，電影一拍完，兩人便和平分手，不再往來。

第十八章　「夢裡人生」

正如所有其他人一樣，我就是這樣一個人：一個個別的、獨特的、不同於一般的人，一個具有祖先遺傳的那種奮發進取精神的人。

——卓別林

（一）短暫過客巴里

一九四二年，五十三歲的卓別林再一次成了單身漢，他離了婚，兒子們都上了歐洲前線，空虛和無聊再一次向他襲來。這時，一個高大而豐滿的女性再一次引起了他的注意，而這次遭遇卻給他帶來了不少的麻煩。

這位小姐名叫瓊．巴里，卓別林是在一次聚會上認識她的。這個女孩看起來十分活潑有趣，而且主動大方。不久，卓別林便開始與她約會。

在這期間，有一次，卓別林與美國作家辛克萊．路易斯、英國演員哈德威克爵士一起吃飯。席間，路易斯談起哈德威克曾演過一齣戲名叫《夢裡人生》，稱這齣戲可以拍成一部精彩的電影。卓別林便向哈德威克要了劇本。

看了之後，卓別林覺得這個劇本很不錯，便向巴里談起這件事。女孩流露出了些許表演天賦，卓別林便把巴里小姐送到了戲劇學校學習表演技巧，隨即又買下《夢裡人生》的改編權，並同巴里小姐簽下拍電影的合約，準備起用她拍攝這部電影。

同以往一樣，卓別林又開始全力投入到改寫電影劇本中，此時麻煩又出現了：巴里小姐放蕩不羈，雖然已經簽了約，而且又得到了卓別林的歡心，她的目的已經達到了，所以她根本沒認真在戲劇學校上表演課，而是每天喝得酒氣沖天夜闖入比佛利山莊，甚至把汽車也撞壞了。

合約已經簽了，劇本也買下了，卓別林不想放棄，也不想把事情鬧大，只能有時不接她電話，或她來了以後不開門，以此表示自己的不滿。可是巴里小姐居然砸了玻璃窗，衝入山莊……

卓別林實在沒辦法，只得花費五千美元取消了合約，把巴里打發回家，並繼續改編《夢裡人生》。

而後，一個朋友來訪，說想根據法國「藍鬍子」朗德呂謀殺妻子的案件編寫故事片，卓別林對這個故事也很感興趣，遂花五千美元將這個主意買斷。他放下了《夢裡人生》，開始編寫這部取名為《凡爾杜先生》的影片。

（一）短暫過客巴里

三個月後，花光錢後的巴里又找上門來，卓別林不肯見她，她又開始砸窗子、勒索錢財。卓別林只得報警，並付了旅費給她，警察讓她趕緊離去，不然將予以拘捕。

在編寫《凡爾杜先生》時出現了困難，卓別林還沒想到解決的主意，恰巧一個好萊塢電影演員介紹人告訴卓別林，說她有一名剛剛從紐約來的委託人，是個女演員，可能適合扮演《夢裡人生》的主角。

卓別林覺得這是個好消息，如果她真的適合，《夢裡人生》可以馬上拍攝。

不久後，卓別林便見到了那個小姐，一位名叫烏娜．歐尼爾的姑娘。她清秀脫俗，溫柔嫻靜而兼具大家閨秀的風範。卓別林被她的氣質深深地傾倒了，一問才知，她是大名鼎鼎的劇作家、諾貝爾文學獎獲得者尤金．歐尼爾先生的女兒。烏娜小姐喜愛戲劇，有一些演戲的經驗，現在想試試拍電影。

《夢裡人生》中的那個人物性格複雜，卓別林覺得這個還不滿十八歲的姑娘顯得年輕了點兒，所以不想聘用她。但後來聽說二十世紀福克斯電影公司準備僱用烏娜，他便果斷地與烏娜簽訂了合約。

（二）三十五歲的差距

愛情是在對的時間、對的地點，遇到對的那個人，卓別林這一次覺得他遇到了，而烏娜也覺得她遇到了。他們忘掉了年齡的差距，相愛了，這就是愛情的魅力。也因為這樣，愛情成了電影中永遠的主題。

由於良好的家庭薰陶，烏娜與其他的女演員截然不同。她有一種詩性的氣質，而她本人又善解人意、幽默、大度，不像同齡的姑娘那樣喜怒無常。她的體諒和舉手投足的氣質讓身心憔悴的卓別林倍感安慰。他深知，這是一個不可多得的姑娘，而三段婚姻的失敗也讓這位電影大師終於明白：這個優雅而出色的女性才是最適合自己的。他在這個年輕姑娘面前又找到了戀愛的感覺。

而烏娜也對卓別林傾慕已久，她喜歡這個成熟穩重能駕馭她的男人。雖然他們之間有三十五歲的差距，但愛情的火花讓這對戀人忘卻了一切的俗世煩惱，決定在拍完《夢裡人生》後就結婚。

（二）三十五歲的差距

此時，劇本初稿也已完成，如果一切順利的話，我們也許還會看到卓別林的一部不朽之作。但可惜的是，巴里又找上門來。在報上得知烏娜與卓別林相愛的消息後，她醋意大發，打算來到這裡興風作浪一番。

她打電話威脅卓別林的管家，說她一貧如洗，並說自己懷了卓別林的骨肉。他們已經很久沒有聯繫了，卓別林以為這個女人無足輕重，便告訴管家說：

「如果她再來搗亂，你就立即報警。」

但這次巴里卻是有備而來的。她在一名女記者的慫恿下，闖進了卓別林家的花園，在裡面走來走去。管家按照卓別林的事先指示打電話報警，隨即，巴里便被帶到了警察局。而那位女記者和她的同行們對此添油加醋一番，一時間，美國的各大報紙都報導了這則緋聞，文章引起了轟動效應，輿論譁然。

一時間，詆毀、指控、辱罵卓別林的文章和言論不絕於耳：

「披著藝術家外衣，玩弄年輕女性的色狼。」

「不講仁義道德的流氓。」

「巴里腹中胎兒的父親。」

第十八章　「夢裡人生」

「無情地拋棄了弱女子，使她陷入窮困、孤苦無依……」

所有這些負面報導都指向了卓別林。尤金．歐尼爾先生透過報導知道女兒與卓別林的關係後，也堅決反對他們兩人交往。

儘管卓別林的早年遭遇與這位戲劇家十分相似，他們都曾當過演員，隨同劇團走南闖北，但兩人並未見過面。不過尤金．歐尼爾的名聲，卓別林也是如雷貫耳的。更有意思的是，卓別林創作的是動作喜劇，而尤金的主要創作成就則是心理悲劇。一悲一喜，也是人生的兩種狀態。

這位得過諾貝爾文學獎的作家不希望自己的女兒跟這個與自己同輩的人生活在一起。他覺得：卓別林的頭髮都白了，論年齡足以當烏娜的父親，而且還醜聞纏身，讓烏娜的名譽也受到損害。所以，他不允許這種傷害女兒的事情發生。

但烏娜繼承了父親堅毅的性格，她認定這就是她要找的人，她一定要跟卓別林在一起。這對固執的父女因此鬧僵，多年不說話，也不來往。直至一九五三年，烏娜跟卓別林去看望病入膏肓的父親，歐尼爾先生依然不曾對女兒說一句話。

（三）祕婚

雖然烏娜的支持與陪伴讓卓別林感覺勇氣倍增，但他仍然無法擺脫巴里的糾纏。她甚至以親父遺棄罪控告卓別林。

此時，來自外界的壓力讓卓別林的律師勸他暫停拍攝《夢裡人生》，讓烏娜離開這裡暫避風頭。但卓別林和烏娜都不打算這樣做，他們要立即結婚，讓巴里的詭計無法得逞。

一九四三年冬天，卓別林的老朋友哈里請他報社的同事幫忙寫了一篇反駁的專稿，並親自陪同卓別林和烏娜驅車到加州的避寒勝地聖塔巴巴拉鎮。他們選在離小鎮十五英里的寧靜小村了舉行婚禮。

清晨八點，他們一行人悄悄地來到了鎮公所登記。因為哈里在報社工作，他知道通常登記人員的桌子底下有個暗鈕，一有名人來登記就會啟動暗鈕通知報社採訪。所以，他讓烏娜先進辦公室，叫卓別林等在門外。

工作人員漫不經心地記下了烏娜的姓名、年齡、住址等，然後問：

「那麼，新郎是誰呢？」

這時卓別林這才進來。那人一見，大吃一驚：

「啊，這真是意想不到呀！」

哈里見他一隻手已經伸到桌子底下，就趕緊催他辦證。他依然慢吞吞，但卻沒有理由不發結婚證。

於是，當卓別林一行一拿到到結婚證件，立即坐進車裡，而記者們的汽車也隨即趕到了鎮公所，隨即便上演了一場現實中的追車大戰。在路人驚愕的目光中，汽車駛過聖塔巴巴拉鎮寂靜的路面。哈里的車技畢竟一流，他很快就甩掉了記者，到了一個名叫卡平特里亞的小村，卓別林與烏娜在當地的教堂裡舉行了婚禮。

婚禮完畢後，卓別林和烏娜便在那裡安定地住了下來，一方面躲避是非紛擾，另一方面也在這世外桃源度蜜月。雖然有烏娜的陪伴，但卓別林內心深處仍然有些鬱悶，畢竟拍電影的事又要泡湯了，還官司纏身。

兩個月的蜜月生活很快過去，他們回到了好萊塢。這時卓別林的朋友、時任美國最高法院的法官墨菲告訴他：聯邦政府裡有個地位顯赫的政客想把卓別林關起來。如果罪名成立，卓別林將被判處二十年監禁。

其實，這是卓別林的私事，根本不涉及到聯邦政府的利益，但此事背後卻是一個大陰謀，此時卓別林還並不知曉。

原來，巴里是一個法西斯組織所僱用的間諜，而美國聯邦調查局也多少獲悉此事，但他們並沒有說破，而是看著巴里的進一步行動。而且他們對卓別林的政治傾向也有所懷疑，因此，有些政客建議就利用此事將卓別林也關起來。

就這樣，毫不知情的卓別林成了各方利益的矛頭中心。

（四）被判無罪

卓別林又一次站在了風口浪尖之上，而這一切都要等到巴里的孩子可以驗血時才能了結。儘管妻子非常相信他，但無情的輿論卻將他置於道德的最低點。

第十八章　「夢裡人生」

五個月後，按照雙方律師的約定，卓別林、巴里和她的嬰兒在一家私人醫院裡驗血。醫院很快出具了鑒定結果，證明卓別林不是嬰孩的父親。當律師將這一喜訊告訴卓別林時，他激動得不能自已：

「這是善有善報。」

而一向迅速的新聞媒體也獲得了事件的最新進展，他們立即作出反應，並且調轉槍頭：

「血型鑒定，證明卓別林絕非生父！」

「查爾斯．卓別林被宣布無罪！」

……

但依照程序，政府依然提起了訴訟。隨著審判日的臨近，事實也逐漸浮出了水面：

卓別林被陷害的事實被報界公佈後，一位素不相識的舊金山神父寫了一封信給法院，證實他獲悉巴里是被法西斯組織所僱用，而他也願意到洛杉磯來作證。至於巴里本人，看到大勢已去，不能訛詐卓別林，就寫了幾封信道歉，並對卓別林的厚道慷慨表示致謝。

開庭審判時，讓卓別林咋舌的證據也出現了：巴里的相識保羅．格提及兩個德國青年和另外幾人都出庭作證。在律師的引導下，保羅不得不承認早已與巴里是老相好，並騙過她的錢。而在巴里闖進卓別林家之前，她曾在那德國青年寓所鬼混了一晚，這一點也得到了那位德國青年的確認。接著，卓別林的律師又出示了巴里的信件。

這一切都成為呈堂證供，當卓別林親眼看著這一切骯髒齷齪事件的真相時，他憤恨不已。因為，毫不知情的自己竟然成為這一切的中心人物。

最後，依照法庭程序，陪審團作出裁決，法官開始宣讀陪審團擬的文件：

「查爾斯．卓別林，刑事案第三三七〇六八號……有關第一款……現宣布無罪！」

「有關第二款……現宣布無罪！」

(四) 被判無罪

聽眾席上掌聲雷動，卓別林的朋友們和他的崇拜者們衝出了圍欄，熱烈地擁抱和親吻卓別林。卓別林終於如釋重負。

同樣如釋重負的還有烏娜。此時她已有身孕，並沒有前往，而是在比佛利山莊的家裡緊張地收聽著收音機。當聽到法庭宣判卓別林無罪時，這位一向冷靜而沉著的女子居然高興得昏了過去。

這一年來，這對夫婦歷盡了人間的煩惱，身心俱疲。案件一結束，他們便離開了洛杉磯，前往離紐約不遠的哈德遜河畔饒有田園風趣的奈亞克村渡假，並租了一所一七八〇年造的可愛小屋休養身心。

經歷了這些波折，烏娜也不想當明星了，她想做個好妻子，養育他們的孩子，這讓卓別林感激不盡。歷經了婚姻滄桑和人生的大起大落之後，卓別林終於找到了他一生的伴侶。多年以後，他一直懷想：他個人是幸福的，但電影界卻少了一位優秀的喜劇演員。

第十九章　遠離美國

我從來不曾研究過演戲的技巧，然而幸運的是，我從小生活在一個偉大演員輩出的時代，有機會發展他們的知識和經驗。

——卓別林

(一)凡爾杜先生

像卓別林所扮演的夏爾洛一樣，卓別林是個樂觀的人。雖然之前官司纏身、事業受挫，但他的創作力並沒有受到影響。在與烏娜外出渡假時，他終於完成了劇本《凡爾杜先生》的創作。而為了將之前浪費的時間趕回來，他更是夜以繼日地拍攝，只花了十二個星期，電影便完成了，這打破了他以往的拍片紀錄。劇本也進行了大膽的創新，講述了一個銀行小職員凡爾杜先生的故事：

表面上凡爾杜是認真幹活的好員工，但為了養家，他卻幹起了罪惡的勾當：他裝成一個紳士，去騙取有錢老卻孤獨女人的婚姻。金錢到手之後，他便下毒害死她們。

他的妻子並不知道他的罪惡，而他卻成了法國人心中的「藍鬍子魔鬼」。但他也具有兩面性，既有殘忍狠毒，又有善良同情的一面——他看到花園裡的蟲子不忍心傷害它們，可地下室裡卻正在焚燒姑娘們的屍體……

最後凡爾杜落入法網。在審判、行刑之前，他為自己辯護，並抨擊了用武器、戰爭屠殺人民，造成社會畸形的軍火商和戰爭販子。

（一）凡爾杜先生

卓別林這個劇本的創新性和對人性的深入挖掘是前所未有的，他滿心以為這部電影能像以往他所拍攝的電影一樣大紅，並能創造一千兩百萬美元的利潤。但他卻受到了意識形態的阻礙，而他個人的命運也因為這部電影發生了翻天覆地的變化。

劇本早在審查時就遇到了阻礙，電影聯合會的審查機構——道德聯合會布林辦事處甚至做出了「禁映」的回覆，理由是「有幾段故事裡，凡爾杜控訴了『制度』，並且抨擊了目前的社會結構」，「凡爾杜在好幾篇講話中都大肆吹噓他那些罪行的道德價值」，「故事有一些地方表現了淫亂的惡劣的趣味」，「劇本中涉及救世軍的地方，我們認為可能開罪屬於這一團體的人士」，等等。

無奈，卓別林只得重新修改劇本。當《凡爾杜先生》拍完後，代表了審查團和各宗教團體道德聯合會的成員看了這部新片後，大部分人都憤怒不已，幸好有好友布林先生的堅持才勉強過關。

二戰後，戰勝國按照意識形態的不同將世界劃分為兩大陣營，各個陣營裡的人都在努力掃除異己。而卓別林在美國多年卻並不加入美國國籍，這件事讓很多極端民族主義者耿耿於懷，戰後民族情緒的高漲更為這種情緒打了一支強心針。

因此，當卓別林為這部新片舉行記者會時，居然有人逼問卓別林：

「你為什麼不加入美國國籍？」

卓別林毫不隱瞞地回答說：

「我認為無需改變我的國籍，我把自己看作是一個世界公民。」

「可是，你是在美國賺錢。」

卓別林笑道：

「如果您要算帳，可得把問題談清楚。我做的買賣是國際性的，我的收入百分之七十五來自海外，而美國卻從我的這些收入中大大地抽了一筆稅。可見，我還是一個花了大錢、應當受歡迎的旅客啊。」

退伍軍人團體的人又說，他們這些參加第二次世界大戰、在法國登陸反攻德軍的人，對卓別林不做美國公民這件事感到十分憤慨。

對此，卓別林正色說道：

牢騷，或者誇耀這件事。」

「我的兩個兒子也在那裡，在巴頓的第三軍，在最前線。可他們並沒像您這樣發

為宣傳新片的記者會就這樣演變成了對卓別林的政治圍攻，而他的新片也讓一些人很不爽。受到大環境的影響，《凡爾杜先生》在紐約上映後，前六周賣座較好，但隨著心懷惡意的人居心叵測的一步步行動，影院售票處的生意也變得越來越差了。

(二) 反擊好萊塢

《凡爾杜先生》是卓別林最遭人非議的一部電影，攻擊首先來自報刊，後來連一些參議員也加入到攻擊的隊伍。就連著名的評論家耐特，也把《凡爾杜先生》稱為「可能是從有電影以來最不合群的一部影片」，說卓別林「厚著臉皮想用他的實用的、非正統的道德觀，使美國社會的各個階層都感到震驚和氣憤」。

在這些人物的誘導和煽動下，美國公眾心目中也漸漸產生了一種敵視卓別林的情緒：卓別林在美國掙了這麼多錢，還不願加入美國國籍，並從事非美活動，簡直就是一個忘恩負義的偽君子……

一時間謠言四起，美國「非美活動委員會」也借此機會活動起來，展開了對電影界進步人士的迫害，首要人物就是英國籍人士卓別林。好萊塢的十九位名人都收到了「非美活動委員會」的傳票。一九四九年十月，他們在華盛頓舉行了聽證會，對卓別林及其他一些進步人士進行了惡意的攻擊。為此，很多進步的文化戰士被迫離開美國，但卓別林並沒有離開。

同年十二月，卓別林公開發表文章，向好萊塢宣戰：

我決定跟好萊塢那班人宣戰。我不喜歡背後批評的人，我認為這種人是自以為是和發揮不了作用的。因為，我對整個好萊塢，特別是對美國電影，已不再抱任何信心，所以我決定公開宣布我的意見。

你們都知道，某些美國電影院（特別是在紐約）對《凡爾杜先生》一片所抱的態度。若干造謠生事的人，開始把我當作「反對美國分子」來看待。這只是因為我和整個社會的思想不一致，並且也不想一致，因為好萊塢的大人物們認為可以掃除任何不合意的東西。但是，他們不久就將從這種迷霧中驚醒過來，不得不認清一下某些現實情況。

我要公開宣布的就是這些：

我，查理．卓別林，我宣布好萊塢已經瀕於死亡。電影是被稱為一種藝術的，但在那裡它已經不存在了，有的只是千百米底片在旋轉。我要附帶指出，在好萊塢，假如有人拒絕迎合一小撮狼群的意圖，要以革新者的姿態出現，敢於反對「大企業」的法則……那麼，無論這個人是誰，他也不可能在電影方面獲得任何成功。

……不久以後，我可能會離開美國，雖然我在美國也曾獲得過精神上和物質上的滿足。

在那個我將度過我餘生的國家裡，我將嘗試恢復自己成為一個和別人沒有差別的普通人，因而也就能獲得和別人相同的權力……這，當然引起了那些反對、妒嫉、眼紅的人的極度惱恨。

與此同時，美國的一些國會議員也發動了「卓別林案」，共和黨議員凱恩要求驅逐卓別林。當「非美活動委員會」聲稱要卓別林去華盛頓接受傳訊時，卓別林拍去一份電報，說自己是一個和平主義者。此後，卓別林又收到了一封措詞非常客氣的覆電，說他不必再去受訊了，此事已經結束。

（二）反擊好萊塢

此後，好萊塢風雨飄搖，再也不是拍電影的樂土了。而卓別林仍然受到各式各樣的攻擊，但對於電影的熱愛和鬥士的精神讓他不能馬上離開，他要圓了自己的心願，再拍一部影片，這就是那部令人稱道的悲劇影片《舞臺生涯》。

(三) 舞臺生涯

卓別林所想到的作品主題是愛。對此，他闡釋說：

「世人無論披上多麼新的外衣，他們骨子裡喜歡的仍是愛情故事。正如黑茲利特所說：『情感要比智力更能吸引人。』所以，它對一件藝術作品的貢獻也更大。並且，和《凡爾杜先生》那種冷酷的悲觀主義相比，它完全是別具一格的。更重要的是，這個主題鼓舞了我。」

《舞臺生涯》也是卓別林向無聲片時代的致敬，是向那些偉大的父輩藝術家們的致敬。影片旋律悠美動人，情節扣人心弦，是一部情感交集、有血有淚的寫實佳作。

在影片中，卓別林將早年的競爭對手巴斯特．基頓也邀請進來一起演出。他們實現了生平第一次、也是最後一次的合作。他還為自己飾演的男主角加了一句臺詞：

「我就是那個流浪漢。」

這也是卓別林對自己過去時代的追憶。

一九五一年，卓別林完成了劇本的分鏡頭創作。影片的背景是一九一四年夏天的倫敦，曾紅極一時到年老喪失了青春、健康、名氣的卡伐羅（卓別林飾，這有卓別林父親的影子）已經被人遺忘，演出還被喝倒彩，他不得不放棄表演，飲酒買醉，想就此度過殘生。

在一次喝醉酒之後，他救了一個名叫梯麗的女孩的性命，並支持她成為了著名的舞蹈演員。但卡伐羅仍然窮困潦倒，被觀眾拋棄，直到他病入膏肓，梯麗組織演藝界為他義演，他為這最後的演出付出了全部的心力，也贏得了觀眾最後的喝彩，而他也倒在了自己所熱愛的舞臺之上……

（三）舞臺生涯

這部電影具有著震撼人心的力量，法國著名電影史學家喬治．薩杜爾認為：

第十九章　遠離美國

「《舞臺生涯》是一部深刻的和真正的莎士比亞式的傑作。」

卓別林在片中飾演卡伐羅，這是他第一次以本來面目出現在銀幕上。而從這部電影一開始，他就與自己獨創的舊角色徹底分手了。

在結束了影片的拍攝之後，卓別林對《法國影壇報》記者說：

「我相信笑和哭的力量，它是消除憎恨和恐怖的良藥。好的影片是一種國際性的語言……好的影片是一種工具……我們已經有了很多毫無理由的暴行、變態的性慾、戰爭、兇殺和歧視的影片，它們愈來愈助長世界的緊張局勢。假如我們能使那些並不宣傳侵略，而是說著普通男女的普通言語的影片，獲得大規模國際交流的機會……這或者能幫助我們使這個世界免於毀滅。」

卓別林結束了《舞臺生涯》的剪輯，不出意外地，他的影片在美國被禁。但他完成自己在好萊塢最後作品的心願也已滿足，他打算將影片帶到英國去放映。

一九五二年九月十七日，卓別林和妻子離開了他生活了四十年的好萊塢。清晨五點，他們踏上了前往英國的「伊莉莎白皇后號」豪華郵輪。

汽笛長鳴，卓別林與烏娜離開頭等艙，走上甲板，向那個已經沒有了「自由」的國度回望告別。

第二天早上，他們就從廣播裡聽到了杜魯門政府的司法部長、首席檢查官的聲明，說要對卓別林的「非美活動」進行公開調查，即是拒絕他再次入境的意思。但此時，卓別林對此早已無所謂了。正如他透過卡伐羅之口說出的話那樣：

「越是上了年紀的人，就越有尊嚴感，這種尊嚴感阻止讓我們去嘲弄別人。」

第二十章　遲來的榮譽

初學的人即便是富有才能，也必須學會技巧，因為，不論天資有多麼高，他仍需學會了技巧來發揮那些天資。

——卓別林

（一）回到歐洲

一如前兩次回英國一樣，倫敦的群眾依然如潮水般歡迎卓別林，到處都打著標語：

「祝你回到祖國！」

「歡迎您，查理！」

「和我們住在一起吧，查理！」

「回家比什麼都好！」

……

英國的《每日郵報》還用漫畫來諷刺「山姆大叔」的翻臉無情。

卓別林重新認識到家裡那「富有人情味的美」。

一九五二年十月十六日，《舞臺生涯》在倫敦奧狄昂電影院首映。首映以救濟盲人捐款的義映形式出現，票價每張二十五個金幣。首映後的第五天，伊莉莎白女王和愛丁堡公爵接見了卓別林夫婦。

隨後，卓別林又將《舞臺生涯》送到邱吉爾首相的官邸，放映給他看。邱吉爾首相表示十分喜歡這部影片。

十月二十九日，卓別林夫婦又馬不停蹄地飛抵巴黎。如同在英國一樣，這位喜劇大師在那裡得到了觀眾的喝彩和掌聲。巴黎有超過五十萬人去觀賞這部電影，電影也連續放映了六周，打破了當年影片的賣座紀錄。

榮譽也接踵而至，法國政府授予卓別林「榮譽軍團勛章」，法國戲劇電影作家協會還禮聘他為名譽會員。羅歇·費迪南多主席還給卓別林寫了一封感人至深的長信。

接著，他們又去了羅馬，也得到同樣的禮遇和追捧。

本來卓別林夫婦想定居在倫敦，但他們又怕孩子們不適應那裡多霧的天氣。在一個朋友的建議下，他們去了瑞士，那個美麗、寧靜和中立的國度吸引了卓別林一家，他們決定居住在那裡。

隨即，精明能幹的烏娜又回到美國，代表卓別林出席了聯藝公司的董事會，解決卓別林在這家公司和其他地方的股權問題；然後又回到比佛利山莊將其變賣。而那個建於一九一八年的製片廠也被賣掉了。處理完這一切，她便返回瑞士的家中了。

現在還有最後一個問題需要他們解決，那就是引起這些問題的導火線：國籍。

一九五三年底，烏娜決定放棄美國國籍，隨丈夫卓別林加入英國國籍。他們在英國的美國大使館辦理了這一手續，工作人員告訴他們，至少需要一些時間才能完成。卓別林很生氣，決定親自陪烏娜去處理。

一個六十多歲的工作人員向卓別林解釋說：

「一個人要放棄國籍，必須經過全面的考慮，而且要在頭腦清醒時考慮好。使館方面履行有關手續，是為了保護一個公民的權力……」

卓別林想了想，覺得自己的確有些失禮。

那人解釋完後，還以稍帶遺憾的表情看著卓別林說：

「一九一一年我在丹佛舊王后戲院看過您的演出。」

於是，兩人又聊起了多年前的往事。

（一）回到歐洲

(二) 紐約王

當生活歸於平靜後，卓別林又閒不住了，儘管此時他已經六十八歲了。他在萊蒙湖畔的新家創作了自己的第七十九部影片——《紐約王》。

他仍然一如既往地認真工作，這讓祕書印象深刻：

「在好幾個月裡，卓別林一場一場、一句一句地構思出他的新影片的情節，不需要任何人的幫忙。他親自寫對話，親自結構場面。他的思想方法是很奇特的，他並不按照習慣的方法用語言來思考。」

在表演時，光是一個打電話叫侍者送飲料過來的姿勢，卓別林就換了十多種姿勢來表演。他讓祕書一一都記錄下來，等他拍攝之時再決定用哪一種。

完成了劇本創作，接下來就是組成班底拍攝新片了。一九五六年初，卓別林成立了新的製片公司，並親自到倫敦約請了部分演員、攝影師、美工師、錄音師等。五月七日，新電影開拍了。

（二）紐約王

好萊塢的電影製作產業在全世界都是領先的，人們各司其職，有條不紊，卓別林並不需要操太多的心。與之相比，這個新班底就像是一個初生的嬰兒，一切都是新的。攝製組的人做事也不那麼俐落，事無大小，都得他操心。他覺得「自己像一匹馬，被牽進一個陌生的馬槽，許多事運轉不動，弄得肝火旺盛」。

但是，卓別林仍然精益求精地完成著自己的影片，一如既往地要求替同一個場面拍上幾個備用鏡頭。一個由他主演的插曲，要從不同角度連續拍上五個、十個或十五個備用鏡頭。

他甚至還請特技專家把配角的鏡頭拉長，以便插入一個不在計劃之內的特寫。這麼多的鏡頭，無論是電影拍攝還是後期剪接都是相當繁瑣的，有些場景甚至被分割成五十個甚至一百個鏡頭。為此，他請了最傑出的英國剪輯師約翰幫忙，而有著豐富剪接經驗的卓別林也親自上陣。但卓別林仍不甚滿意，如果不是佈景已拆，演員解散，他很可能會重拍。

同以往一樣，這部影片也獲得了成功，掌聲和讚美聲依舊。法國電影史學家喬治・薩杜爾認為：

「這是一部莫里哀式的喜劇傑作。它與卓別林其他巨片一起在世紀的影壇上放射著燦爛的光華。」

一九五八年，六十九歲的卓別林暫別影壇，開始寫自傳，並過上了恬靜的隱居生活。他將更多的時間花在教育子女身上。聽說大兒子離異，他十分傷心，以一個過來人的語氣寫了一封長信，讓兒子以自己為戒。

一九六四年，《卓別林自傳》出版，扉頁上赫然寫著：

「獻給——烏娜。」

這是他對這個與自己榮辱與共的妻子的最好答謝。

完成了人生的總結之後，卓別林那顆不安分的藝術之心又蠢蠢欲動了。他將擱置的劇本《香港女伯爵》又重新找出來，並做了適當的修改。此時，他又看中了義大利女影星蘇菲亞·羅蘭的表演，並發出了邀請。男主角則由美國影星馬龍·白蘭度出演，他是卓別林二兒子小雪梨的朋友。小雪梨傳承了父親的事業，與幾個好友在好萊塢創建了一家影劇院，卓別林還曾不遺餘力地幫他導過幾部戲。他也為父親的新影片添彩，自己在裡頭客串出演了一個角色。

一九六六年，這部影片在倫敦拍攝，由環球電影公司投資製成彩色片，卓別林也終於拍攝了一部屬於自己的彩色影片。

卓別林一如既往地替演員設計好所有的表情和動作，這種導演手法對於同樣具有創作性的馬龍·白蘭度來說是不合適的，而且他的特色也並不適合卓別林式的喜劇表演。他勉為其難地演出，但仍然忍不住對記者說：

「這位老先生是個好老頭，可他的導演手法則完全過時了。」

一九六七年一月五日，這部影片在倫敦首映，卓別林帶著烏娜和他的八個孩子出席了盛大的典禮。但評論卻讓人十分失望，顯然馬龍·白蘭度並不能代替卓別林出演這個角色。這個小小的失誤，也讓這部影片充滿了遺憾。

（三）奧斯卡終身成就獎

二十世紀七〇年代來臨了，好萊塢電影又煥發出新的活力和風采。美國社會和公眾也淡忘了當初對卓別林的離棄，他們又伸出友好之手，邀請這位電影大師重返美國。

一九七二年，禁映了二十年的《舞臺生涯》被解禁，美國觀眾首次看到了這位大師離美前的最後力作，並為之傾倒，電影人為之肅穆。由卓別林親自創作並指揮的主題曲則獲得了一九七三年度奧斯卡最佳電影歌曲獎。

八十三歲的卓別林也想回到這片他生活和工作了四十多年的地方。於是，在那個春暖花開的四月，他和烏娜一起回到了他夢中的紐約。

群眾在林肯中心舉行了盛大的歡迎晚會，紐約市長親自向卓別林頒發了最高文化獎。美國電影藝術和科學學院又於四月十日在洛杉磯音樂中心舉行隆重的典禮，宣布因卓別林「在本世紀為電影藝術所作的無可估量的貢獻」，授予他奧斯卡終身成就獎。

三千名觀眾和美國藝術界名流濟濟一堂，向卓別林歡呼鼓掌達四分鐘。卓別林眼含熱淚，頻頻向人們拋出飛吻……

良久，卓別林才致詞說：

「這是一個令人激動的時刻，言語是如此無力、如此貧乏。我只能說，謝謝，謝謝你們給了我這個榮譽。你們都是了不起的、可愛的人，謝謝你們。」

(三) 奧斯卡終身成就獎

這個讓全世界為之傾倒的藝術家，重新將尊嚴、崇敬都一一贏了回來。

在洛杉磯，卓別林還重訪了他那出售了的舊居，並召來了曾在《孤兒流浪記》中扮演棄兒的賈克．柯根。當年的逗趣孩童如今已經變成了一個大腹便便的禿頂老人啦。故人相見，不勝唏噓時光的飛逝。

很快，在美國和歐洲大陸再一次掀起了「卓別林熱」。那年九月在第三十三屆威尼斯國際電影節期間舉行的「卓別林影展」，一共放映了他的七十三部影片。

一九七五年三月，為了表彰卓別林對藝術的突出貢獻，英國皇室宣布冊封卓別林為「爵士」，並在他的姓名中間嵌入「史賓賽」，成了查爾斯．史賓賽．卓別林爵士。

八十五歲高齡的老藝術家卓別林在視覺、聽覺、行走與說話能力方面都衰退了。陽春三月，他坐著輪椅飛回英國，進宮晉見了伊莉莎白女王二世。女王在授封儀式上對他說：

「您的電影我全看過了，它們實在太好了。」

卓別林非常激動，乃至一句話都說不出來，只能以手勢答謝女王。事後，他對朋友說：

「我一句話也說不出來，真的說不出來。」

一九七七年三月，美國製片公司製作了關於卓別林生平和作品的紀錄片《流浪漢先生》。該劇由理查·帕特遜編劇，由著名的莎士比亞劇演員勞倫斯·奧立弗和沃爾特·馬太解說，並於同年上映發行。

（四）永別了

一九七七年十二月二十四日，西方的平安夜，卓別林在家中設雞尾酒宴與親友歡聚。這位八十八歲的老人開懷暢飲，談笑風生。

酒後，家人及親友都入睡了，卓別林一時睡不著，便起來服用了幾片安眠藥。不久，他就昏昏沉沉地睡去了。

深夜，家人發現卓別林「一睡不醒」，馬上請醫生過來查看。就在二十五日清晨四時，二十世紀最卓越的喜劇電影大師、偉大的批判現實主義藝術家、反法西斯和

（四）永別了

平民主戰士卓別林，留下八十部電影組成的「人間喜劇」豐碑後，在瑞士洛桑萊蒙湖畔的別墅中，靜靜地、安詳地告別了人世，終年八十八歲。

世界各大報紙立即報導了此事，各種不同的語言文字深沉地訴說著同一句話：

「永別了，查理．卓別林。」

加拿大《世界訊息報》說：

「今天，人們含著淚水，因為流浪漢的創造者離開了人間，他給世人留下的是悲喜交融的傑作，留下的是對人類心靈深處的觸及。」

法國《世界報》說：

「卓別林是個天才，任何領域的藝術家過去沒有、將來也不會再獲得他這樣的聲望。別了，卓別林！流浪漢萬歲！」

英國《衛報》說：

「卓別林的成就超越了娛樂的範圍，而為人類追求自由作出了有力的貢獻。」

……

第二十章　遲來的榮譽

各國新聞記者還走訪了一些著名的電影導演、演員和卓別林的友人，以此緬懷這位喜劇大師。

法國導演雷內．克萊爾說：

「在任何國家、任何時代，他都是電影藝術的一座紀念碑，大多數電影家都受到過他的啟發。」

著名美國喜劇演員鮑伯．霍伯說：

「卓別林是我們事業中特別偉大的一個人，我們為能與他同時代而感到幸福。」

義大利導演費里尼說：

「卓別林如同亞當一樣，是我們所有人的祖先（指電影行業）……他就像冬天的白雪，夏日的海浪。在我的童年，卓別林的名字總是和聖誕節的點心、白雪和聖誕老人聯繫在一起。他早已屬於那些神奇、永恆的事物。」

法國著名作家、《法蘭西文學》主編阿拉貢在一篇文章中也寫道：

「在一個聖誕之夜，查理．卓別林溘然長逝了。這終究是要到來的，不是這一夜就是另一夜，誰也不能例外……但是，需要談談那些影片，該怎麼說呢？這些影片

（四）永別了

曾經像是我們這一世紀的光明，是整整一個世紀，也是我們時代的歷史……在我們之後很久，……一部被遺忘的舊電影在裡弄的小影院放映時，也許會比學習與科學更能讓未來的孩子，既笑得渾身顫抖，又止不住眼淚直往上湧。」

曾經與卓別林合作過的義大利女影星蘇菲亞則說：

「現在他已與世長辭，再不會有第二個像他那樣的人了。我把他那睿智的話語銘刻在心，經常誦唸，就像一個守財奴搬出金銀，點數不完。」

……

此外，一些國家的領導人、政府、議會的唁電也紛紛飛到了烏娜的手中，表達對失去這樣一位偉大藝術家的悲痛之情。

卓別林雖然遠離了我們，但那個頭戴圓頂禮帽、手持竹手杖、足登大皮靴、走路像鴨子的流浪漢夏爾洛，卻永遠閃耀在螢幕之上……

電子書購買

國家圖書館出版品預行編目資料

無聲笑匠查理 . 卓別林：黑白底片中的彩色人生 , 摩登時代的大藝術家 / 盧芷庭著 . -- 第一版 . -- 臺北市：崧燁文化事業有限公司 , 2022.02
面；　公分
POD 版
ISBN 978-626-332-045-1(平裝)
1.CST: 卓別林 (Chaplin, Charlie, 1889-1977)
2.CST: 傳記
785.28　　111000649

無聲笑匠查理・卓別林：黑白底片中的彩色人生，摩登時代的大藝術家

臉書

作　　者：盧芷庭
發 行 人：黃振庭
出 版 者：崧燁文化事業有限公司
發 行 者：崧燁文化事業有限公司
E-mail：sonbookservice@gmail.com
粉 絲 頁：https://www.facebook.com/sonbookss/
網　　址：https://sonbook.net/
地　　址：台北市中正區重慶南路一段六十一號八樓 815 室
Rm. 815, 8F., No.61, Sec. 1, Chongqing S. Rd., Zhongzheng Dist., Taipei City 100, Taiwan
電　　話：(02) 2370-3310　　**傳　　真**：(02) 2388-1990
印　　刷：京峯彩色印刷有限公司（京峰數位）
律師顧問：廣華律師事務所 張珮琦律師

定　　價：360 元
發行日期：2022 年 02 月第一版
◎本書以 POD 印製